生心灵培养丛书

中学生学习心理指导

李笑群　编著

吉林人民出版社

图书在版编目(CIP)数据

中学生学习心理指导 / 李笑群编著 . -- 长春 : 吉林人民出版社, 2012.4

(中学生心灵培养丛书)

ISBN 978-7-206-08549-9

Ⅰ.①中… Ⅱ.①李… Ⅲ.①中学生 – 学习心理学 Ⅳ.①G442

中国版本图书馆 CIP 数据核字(2012)第048279号

中学生学习心理指导

ZHONGXUESHENG XUEXI XINLI ZHIDAO

编　　著 : 李笑群

责任编辑 : 郝晨宇　　　　　　　封面设计 : 七　洱

吉林人民出版社出版 发行 (长春市人民大街7548号　邮政编码:130022)

印　　刷 : 鸿鹄(唐山)印务有限公司

开　　本 : 670mm×950mm　　　　1/16

印　　张 : 9.75　　　　　　　　字　　数 : 70千字

标准书号 : ISBN 978-7-206-08549-9

版　　次 : 2012年7月第1版　　　印　　次 : 2023年6月第3次印刷

定　　价 : 35.00元

如发现印装质量问题,影响阅读,请与出版社联系调换。

目　录

目　录

提出你的疑问

训练内容

情感共鸣

有两个人是好朋友，他们从小住在一个胡同里，一起上学，一起玩耍，一起学习。他们在同一个班里读书，并且成绩都很优秀。

不过，他们在学习上有一些不同：第一个人学习循规蹈矩，老师怎样教，他就怎样学；课本上怎样写，他就怎样学，从来或很少提问题。而第二个人则不同，他很有点"反叛"精神。他总是对老师的讲课内容提出这样或那样的问题，有时问得老师当着全班同学的面哑口无言，不知如何回答，因为有些问题如此深奥，而有些问题却又如此幼稚，所以老师们都喜欢第一个人而不喜欢第二个人。

二十年后，第一个人成为一名政府机关的公务员，而第二个人成为一名众人敬仰的科学家，两人在各自的领域内都是成功的，

中学生学习心理指导

不同的是一个从来不提问题或很少提问题，而另一个总是问："为什么"？

认知理解

从上面这个小故事我们可以看出，第一个人尽管是优秀的，但并不杰出；而第二个人不仅仅是杰出，而且是闻名世界。

许多有成就的人在总结自己成功的经验时，都深刻地体会到：善于提出问题，对于做出创造性的贡献来说，是十分重要的。它是杰出人物的基本思维品质之一。提出问题并不是一件容易的事，爱因斯坦认为：提出一个问题往往比解决一个问题更重要。

因为解决问题也许仅仅是数学上或实验上的技能而已，而提出新的问题，却需要有创造性、想象力，而且标志着科学的真正进步。

美籍华人物理学家李政道在一次和中国科技大学少年班师生谈话时，特别强调要在学习时独立地提出问题。比如对牛顿力学，会不会问：我为什么要学它？为什么它不可能是不对的呢？……你老师讲牛顿力学，为什么是对的呢？根据是什么？这种年纪还没有这种态度，将来就做不了第一流的工作……爱因斯坦的论文就是问了几个前人没有问过的问题，并且自己做了回答。

操作训练

（一）想象训练

例如，前一段时间你病了，有好几天没有上课，为了能让你的学习不掉队，老师亲自登门补课。在老师讲解过程中，你有许多疑惑，本想向老师提出，但却没有，为什么？

因为你没有提出令你困惑的问题，结果会怎么样？

你说出了心中的困惑，结果会如何？

（二）游戏

全班同学分成大组（每组约20人）做"丢手绢"游戏，谁输了就要当众向老师提一个这段学习以来有困惑的问题，并请老师解答。如果问不出就表演一个节目，如果提的问题很新颖，很有思考性，就奖给他一个小奖品。

训练指导

教育目的

1. 引导学生要学会善于思考、善于提问，把学与问结合起来。

2. 提高学生的自我调节学习能力。

主题分析

学问学问，一学二问，在学习的过程中不可能没有疑点、难点，当遇到这些疑难点时，经过耐心思考仍无结果，怎么办？"问"也许是较好的办法。可以说，问是开山斧，人常说问"问一知十"，也就是说，通过问不仅可以明白了所要问的问题，而且会得到题外的许多知识。再者，在提问问题时，事先必定要经过仔细的思考，也只有建立在深思基础上的问题才称得上真正的问题。善于提出问题，是十分重要的，它是杰出人物的基本思维品质之一，体现出其思维的批判性、深刻性。中学生相对小学生而言，不再那样多问了而是多思了。但必须处理好学、思、问的关系，才能有效地学习。

训练方法

榜样引导、认知提高。

训练建议

1. 借助于科学家等名人善于提问这一特征，阐明问的好处。

2. 结合学生的学习实际，让每个人进行反思。

与时间赛跑

训练内容

情感共鸣

美国的企业管理学家艾伦·莱金在其《如何控制你的时间和生命》一书中提出了他对时间的控制方法，现节选如下：

1. 我的时间概念是"准时"，我从每一分钟里都得到乐趣。

2. 我试图每天摸索一种能够帮我节省时间的窍门。

3. 我平时早晨5点钟起床，晚上早点入睡。

4. 我尽可能早些中止那些毫无收益的活动。

5. 每件东西我都放在固定的位置，不因用时要寻找而浪费时间。

6. 当我连续办完几件事，我奖给自己休息的时间和特别报酬。

7. 我永远减少一切"等候时间"，如果不得不等的话，我把

它看成是"赠予时间"，用来休息或干一点别的什么事。

8. 我尽量不浪费别人时间（除非事关紧要，迫不得已）。

认知理解

时间是最宝贵的、最值得珍惜的个人资源。外国人说，Time is money！（时间就是金钱！）中国人说，一寸光阴一寸金，寸金难买寸光阴。时间是最公平的，它赋予每个人；时间又是最无情的，它一刻不停地流逝。效率研究专家说，我们为了找到把声音传播得更远的方法，花费了大量的精力；为了让汽车跑得更快，研制了特别装置；为了提高光的效率，发明了反光镜。可是，却几乎不肯动脑筋来提高我们自身的效率。

美国科学管理之父泰勒研究指出，我们大多数人由于从事低效率的工作，所以白白浪费了时间和精力的50%。学生的学习也是如此，相当一部分学生不懂得合理安排时间的重要性，不懂得如何合理安排时间，要知道，合理安排时间是高效学习必不可少的条件。有些同学感到学习吃力，学习成绩明显下降，其中一个重要原因，就是不会利用时间，让时间白白浪费掉了。要使自己的学习效率提高，那就得会利用时间。

操作训练

（一）下面有十种浪费时间的表现，这些表现是心理学家经过认真的研究和调查得出的，在每一个表现中，如果你符合这种表现，就在后面的圆圈里划一个"√"号，如果不符合这种表现，就在后面的圆圈划一个"×"号。

1. 胡思乱想○　　2. 坐立不安○

3. 东寻西找○　　4. 勤于厨厕○

5. 读写书信○　　6. 胡写乱画○

中学生学习心理指导

7. 电视吸引〇　　　8. 抓耳挠腮〇

9. 闭目打盹〇　　　9. 干扰别人〇

如果划的"√"号在2个以下，说明你很会使用时间，懂得如何节省时间，提出表扬；如果划的"√"号在3~5个之间，说明你基本上懂得节省时间，但要注意，应努力提高和增强你的时间观念；如果划的"√"号在5个以上，那么说明你已经是个浪费时间的"能手"了，要提高警惕，加倍努力，并向很会节省和利用时间的人虚心学习。

（三）看谁的时间表安排得好。

1. 每人根据自己的情况在草稿纸上拟一份一周作息时间表。

2. 将个人制定的作息时间表进行交流，并评出活动小组里最理想的作息时间表。

在小组交流的基础上，将自己的作息时间表（草稿）进行修改。

训练指导

教育目的

让学生学会科学地安排时间，做时间的主人。

主题分析

生活中，有的同学整天埋头苦读，觉得做什么事都很匆忙，可学习成绩并不见得怎么好。而有的同学学习生活有条有理，感觉既充实又愉快。原因之一在于二者会不会安排时间，时间是宝贵的，只有合理地利用，才能发挥时间的最大效益。否则，就是一种浪费。中学生随着所学科目的增加，课外活动的增多，如何分配时间成了他们学习生活中的一件看似不大却很重要的事情，毕竟中学生时期是长身体长知识的黄金时段，有必要让每一位中学生都学会科学地安排时间，有效地利用时间，莫让年华付水流。

训练方法

事例引导、自我反思、实践活动。

训练建议

1. 教师通过给同学们讲述一些名人珍惜时间的故事，启发学生要珍惜时间，合理利用。

2. 搞一些小测试让学生了解自身运用时间的情况。

3. 让学生分组讨论，让学习成绩较好的同学谈谈他们自己是怎样有效地利用时间的。

4. 在教师的指导下，每位学生制订一个作息时间表和学习计划，合理安排时间。

有效的听课方法

情感共鸣

著名的数学家华罗庚在与中国科技大学的师生座谈时曾经说过，跟老师学习就有这样一个好处，老师可以减少我们失败的机会，更快吸收成功的经验，在这个基础上又创造出更好的东西。

是啊，如果学生没有了老师细心的传授和指导，单凭自己在黑暗中去奋斗，去摸索最终的光明，那将会走多少曲折的道路啊！老师的作用是不能低估的。"课上一分钟，课下十日功"。如果缺少了课堂听课这一环节，学生就很难减轻过重的负担，很难开发智力，很难培养能力。老师在讲课时，不仅讲授知识，而且还时常引导学生去思考，不断地启发学生，为什么要下这样的结论？我们应该怎样去分析？在老师的指导下，学生积极去思考，探索和研究，久而久之，智力发展了，思维能力也提高了。

正因为如此，有越来越多的学生已经意识到在课堂上认真听课的重要性了。

认知理解

听课是学生学习知识、发展智力、培养能力的主要渠道，也是中学生学习活动的中心，它是中学生搞好学习最关键的环节。

唐代大文学家韩愈说过："古之学者必有师。师者，所以传道、授业、解惑也"。一个"必"字，强调说明了老师对学生的重要性。的确，老师在课堂上传授的知识，是每个学生获得知识的源头。在课堂上，老师所传授的知识是前人总结和积累下来的，要继承和发展这些知识，没有老师的传授是不行的，有人把老师比作"人梯"，这种比喻很形象，上房没有梯子不行，学习前人总结和积累下来的知识，没有老师也不行。

教师闻道在先，教师传授的知识是"活"知识，无论从深度上，还是从广度上，都超过了教材本身。有时一节课所讲的内容可能是一个教师一生的研究成果，同学们在教师的指导下学习，就是把老师的知识和能力转化为自己的知识和能力，这种学习效应，是其他任何一种学习形式都无法比拟的。

操作训练

（一）下面介绍三种听课的方法，请同学们在今后的上课过程中进行操作和吸收。

1. 课前准备法。（1）课前将有关教材、笔记本、练习本及各种学习用具放在适当的地方，上课铃一响就迅速进入教室，立即投入学习。这样就避免了因临时寻找东西而浪费时间。（2）在课间时如果条件许可，要到室外活动一下，比如散散步，呼吸点新鲜空气，这样有利于上课集中精力。

2. 全神贯注法。全神贯注就是全身心的投入课堂学习，做到"五到"。（1）耳到：注意倾听老师讲的每一句话，另外，还要听同学们的答问，看是否对自己有启发。（2）眼到：看课本和板书，还要看老师讲课时的表情，手势和演示实验的动作。（3）心到：用心思考，跟上老师的训练思路，分析老师是如何抓住重点，解决疑难的。（4）口到：勇于提出问题，回答问题或多参加讨论。（5）手到：在听、看、想、说的基础上划出课文的重点，记下讲课要点以及自己的感受或有创新的思维见解。

3. 学练结合法。老师在讲完新知识后，一般都要安排课堂练习，以巩固和加深对新知识的理解。

课堂练习一般分口头和书面两种形式，在口头练习中，要积极争取回答问题、朗读、背诵课文等练习的机会。在书面练习中，要认真地进行书写演算和课堂作业的练习。

（二）组织一次小组讨论，大家轮流发言，说出自己在听课方面的心得，然后同小组的同学进行讨论，看看他的观点是否正确。对于有分歧的地方应记在本子上，并且在小组讨论后向老师请教。

训 练 指 导

教育目的

让学生学会听课，掌握正确的学习方法，提高学习效率。

主题分析

听课是学生学习过程中的重要一环，是师生互动在学生学习过程中的重要体现。课堂上，教师不仅向学生传授知识，而且还注意启发学生思考问题，开发学生的智力于课堂训练之中，同时，还会向学生暗示些做人的道理，理论和实践都显示，听课是学生

学习知识，发展智力，增长能力的主渠道，是学生学习活动的中心。在实践学习活动中，不难发现有的学生不会听课，不知道听课前该做哪些准备，听课中该注意哪些问题，听课后又该做些什么。这样势必影响听课的效果，进而影响学习结果。所以，学生听课是学会学习的重要一环。

训练方法

经验交流、讲解传授。

训练建议

1. 教师组织学生讨论听课的重要性，提高学生对听课的认识。

2. 组织学生就"怎样听好课"这一问题展开讨论，并挑选代表发言。

3. 让每位学生找找自身存在的听课方面的不足。

4. 教师向学生讲解几种有效的听课方法。

5. 鼓动学生听好课、会听课，向课堂要效率。

培养良好的学习态度

情感共鸣

小刚不喜欢上学，每天都要在父母的催促下才去学校。在课堂上，小刚常常不听讲，不是低头摆弄东西，就是发呆，不知在想什么。老师布置的作业，他也不认真做，写字写得七扭八歪，有时甚至还在作业本上画小人。在家里，他总是长时间地守在录音机旁，听他心中偶像所唱的歌，要么就看电视，直到父母反复催他，他才打开书包应付老师留的作业，遇到有一点儿难度的题，他总是空在那儿，等着老师来讲解，他自己一点儿也不动脑筋。结果，在初一下学期的期末考试中，小刚由于考试作弊而受到学校的警告处分。

小刚能有这样的结果，完全是他的不端正的学习态度在作怪，如果他能及时端正学习态度，认真地对待学习，相信他还会把学

习成绩搞上来的。

认知理解

态度是个人对他人，对事物的比较持久的肯定或否定的内在反应倾向，学习态度则是学生对学习所持的肯定或否定的内在反应倾向，他影响着学生对学习的定向选择。对学习持肯定态度的学生，有着比较强的学习愿望，他们总是十分积极地参与各种学习活动，自觉地学习，从而获得很高的学习效率。而对学习持否定态度的学生，则对学习没有什么积极性，上课时总是思想"溜号"，不是自己做小动作，就是与邻桌的同学说话，影响别人听课，他们总是不能自觉地学习，学习效率也很低。

操作训练

（一）下面是一份学习态度检查表，共有15个题，在每道题的后面有三个并列的括号，如果你认为某一题所列的表现与你非常相符，请在第一个括号内划一个"√"，如果比较相符，请在第二个括号里划一个"√"，如果基本不相符，请在第三个括号里划一个"√"。注意，每一题只能划一个"√"，既不能多划，也不能不划。

1．不求上进，只求及格。（　　　）（　　　）（　　　）

2．为了考试才读书。（　　　）（　　　）（　　　）

3．不肯接受别人善意的建议。（　　　）（　　　）（　　　）

4．不愿意做功课。（　　　）（　　　）（　　　）

5．因考试成绩不理想而灰心。（　　　）（　　　）（　　　）

6．借故请假，甚至逃学。（　　　）（　　　）（　　　）

7．上课时常做其他的事。（　　　）（　　　）（　　　）

8．为了应付老师和父母才勉强用功。（　　　）（　　　）（　　　）

9. 不积极表达自己的意见。（　　　）（　　　）（　　　）

10. 不想读不喜欢或困难的学科。（　　　）（　　　）（　　　）

11. 不求甚解，死记硬背。（　　　）（　　　）（　　　）

12. 经常寻找些理由来逃避学习。（　　　）（　　　）（　　　）

13. 不关心自己学习成绩的好坏。（　　　）（　　　）（　　　）

14. 从来不仔细回味自己做错的题。（　　　）（　　　）（　　　）

15. 老师批改的作业从来不看。（　　　）（　　　）（　　　）

这个自我测验将有助于对你自己的学习态度有一个大致的了解，并加强自我认识。

（二）每个同学写一份关于自己在学习方面的优缺点的文章，格式如下：

我学习方面的优点：

我学习方面的不足：

然后分组讨论，提取出学习态度方面的文字，并对自己学习态度的不足之处加以注意和改正。

训 练 指 导

教育目的

让学生有端正的学习态度，激发其高尚的学习动机，提高学习效率。

主题分析

一个人的态度很重要，不管从事什么事情，态度的积极与消极直接影响其行动的结果。心理学上称，态度是个人对他人、对事物的比较持久的肯定或否定的内在反应倾向，对于学生的学习

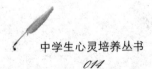

而言，学习态度则是影响学生学习的重要因素之一。对学习持有积极态度的学生，就会有较强的学习愿望，积极参与各种学习活动，能从学习中找到乐趣，突出了学习的主动性、自主性；相反，对学习持有消极态度的学生，则是另外一番景象。中学生对学习已经有了一定的认识，能够把当前的学习与自己的将来联系起来。但是现在有的学生学习态度不明确、不够稳定，这就需要给予正确的引导和教育。

训练方法

讨论法、测验法、实例分析法。

训练建议

1. 结合学习中持有不同的学习态度的学生的学习行为表现，让学生进行分析，找出学习态度与学习行为间的关系。

2. 组织学生讨论，我们应有什么样的学习态度。

3. 让学生自测自己的学习态度（问卷回答）。

4. 教师总结。

培养思维能力

情感共鸣：

从前，有一只聪明的小猴子不小心被猎人抓住了，猎人把它装在了一只大笼子里等待下山后出售。这天夜里，猎人多喝了一些酒，于是躺在火堆旁睡着了。猴子看到了猎人挂在裤腰上的钥匙，这把钥匙是用来开笼子的门的。可是，由于距离的关系，无论用手、脚还是尾巴，猴子都够不到钥匙。正当它急得在笼内团团转时，它突然看到了笼子旁边的地上有一根好长好长的干树枝，这本来是猎人拾来生火用的。聪明的猴子灵机一动，高兴得跳了起来，它捡起了这根干树枝，轻易地伸到了猎人的腰间，把钥匙取了下来，打开笼子，飞快地逃走了。第二天早上，猎人睡醒了，他习惯性地摸了摸腰间的钥匙，咦，钥匙怎么不见了？猎人赶忙爬起来，三两步跑到笼子旁，只见笼门大开，猴子早已不知所踪。

猎人摸着自己的后脑勺，怎么也搞不懂猴子是怎样跑掉的，最后只好自认倒霉，空着两手下山了。

这只小猴子是不是非常的聪明？它在很难逃跑的情况下找到了办法，最终回到了妈妈身边。这个故事说明了思维的重要性。

认知理解

什么是思维呢？思维是我们弄清问题，解决问题，作出决策或理解事物的心理活动；是寻求答案和理解事物的过程；是构成正常智力的一个组成部分。思维是智力的核心。

良好的思维是成才的最重要的心理品质。物理学家牛顿说过："如果说我对世界有些微小贡献的话，那不是由于别的，而是由于我辛勤耐久的思维所致。"不是这样吗？从苹果落地这个司空见惯的现象，善于思索的牛顿发现了地心万有引力定律。

发明创造离不开思维，同样，在学习过程中，掌握事物的本质和规律，也离不开思维活动。同学们在学校里是以学习间接经验为主，教科书上的各种概念、公式、定理、法则以及反映客观事物规律的科学结论，是抽象概括的结果，是思维的结晶。对这些知识，无论是深刻的理解，还是牢固的记忆和灵活运用，都必须进行思维和善于思维。只有把学与思结合起来的学生，才会越学越有兴趣，越学越聪明。

操作训练

（一）小故事测验。

诸葛亮在西城兵力只有360人，全部驻守在四面城墙上。敌人无论从哪面进攻，看到每面城墙上都有100人（如图1）。为了打破敌人围攻的欲望，诸葛亮决定抽出100名士兵绕到敌背后进行袭击，剩下的人分布在城墙上驻守，无论从哪面察看，驻守士兵反而增加25名，你能否画出诸葛亮的布阵图。

10	80	10
80		80
10	80	10

答案：

60	5	60
5		5
60	5	60

实有260人，每面125人。

训练指导

教育目的

培养学生的思维能力，开发其智力潜能。

主题分析

在训练过程中，培养学生的思维能力始终是训练的重要任务之一，训练活动不仅教给学生知识，而且教会学生如何有效地思维。为了开发学生的智力，提高其良好的思维品质，教育工作者在教育过程中采取了许多有效的措施。其中，对学生进行专门化思维训练实践证明是有效的。结合初中生由经验型思维向逻辑型思维过渡这一心理规律，采取有效的思维策略训练，将有利于他们逻辑思维水平的提高。

训练方法

讲解法、训练法。

训练建议

1. 教师结合生动的实例以简洁明快的语言向学生讲解什么是思维及思维的重要性。

2. 让学生分小组讨论各自在日常的生活学习中是怎样思维的。

3. 教师给予学生一些训练的题目，让学生作答，从而使他们从中受到启发。

4. 教师总结，给学生提供一些思维训练的方法。

摆脱考试怯场的阴影

情感共鸣

　　王英是初一五班的学生，她待人诚恳，为人善良，尽管很少与人交流、谈笑，但由于她学习很好，平时作业、练习都完成得不错，因此老师和同学们都很喜欢她。可是，王英也有不足的地方，而且这个不足深深刺痛她的心灵，那就是：她非常惧怕考试。每次老师一宣布要考试，她就紧张好几天，直至进入考场，她的紧张情绪也丝毫无法缓解，等到正式开始答题时，才勉强稳定心神，可是一些平时已经见过、做过的题型，却怎么也想不起来如何解答了。因此，每次的考试成绩对王英来说，都不怎么理想，尽管在老师眼中，她还是全班学习成绩比较优秀的学生。但是，她本来应该学得更好，考试成绩更高一些，她自己也不知该怎样办好。

认知理解

王英同学的情况属于一种考试怯场现象，又称考试焦虑。这种情况在目前的中学生中十分普遍。几乎每名中学生都有这样的体验：每次考试前或考试中，都有不少考生往往由于精神过度紧张等原因而出现心跳加快、血压升高、焦虑不安、面色苍白、头晕目眩、精神疲乏、头脑发胀、手足发热、月经周期改变、腹泻气喘、尿意频繁、注意涣散、思维迟钝、反常遗忘等生理、心理反应，这都是考试怯场的表现。

为什么会发生这种现象呢？大致有以下三方面的原因：（1）生理和病理方面：主要有考前不适当地减少睡眠时间，过度疲劳，或平时缺乏锻炼，身体素质差；考前因心理紧张，造成食欲不振、营养不良、影响大脑供血；也有的同学因身体不适，患头痛、感冒等而产生怯场心理。（2）心理方面：首先是心理压力过大，这常常是因为家庭或学校对考生期望水平过高，或提出不恰当要求，以及对考试的错误认识造成的；其次是考生缺乏自信心，有严重的自卑感，错误地低估了自己的能力和知识水平。（3）考试本身方面：例如考试形式与考生认识结构差别过大，考生难以理解问题的意义；考题难度过大，考试时间偏紧；监考人员过于严肃，造成不适当的紧张气氛。

出现考试怯场现象并不一定都是坏事。学生在考试时有适度的焦虑，反而会促进考试的临场发挥，考出好的成绩，如果焦虑过度，就会对参加考试造成不利影响。

操作训练

下面介绍两种克服考试怯场的方法，请同学们进行操作训练。

（一）自我暗示法。自我暗示就是通过语言来调节中枢神经系

统的兴奋性，从而使神经系统的功能得到改善。暗示有奇妙的作用。有考试怯场的学生过去有过考试失败的体验，在考试前往往会产生以下念头："要考试了，这下可惨了!""考不好可怎么办?"这种负面的念头往往会使学生考试失败。如果用正面鼓励自己的言语鼓励自己，就会有非常好的效果。例如，可以对自己说："我一定不要慌!""没有什么了不起的，我一定能考好!"还可以有意识地想象一些愉快、舒适的情境和状态，这些都可以起到减轻或消除紧张情绪的作用。

（二）松弛训练。

寻找一个安静的环境，学生或卧或坐均可。在松弛训练之前，应该绷紧全身肌肉，体验到紧张感觉，然后从头到脚地依次放松，如头顶放松、眼睛放松、鼻子放松、嘴巴放松、后脑放松、颈部放松。然后肩、头、胸部、腹部、臀部、大腿、小腿、两脚上的肌肉依次逐渐放松。还可以利用想象放松，如想象满天繁星的夜晚，小桥下缓缓流淌小河，回忆美好幸福的经历等，还可以把自己的身体想象很沉重，好像全身的肌肉都失去了力量。

此外，还可以借助舒缓的音乐来进行放松。

训 练 指 导

教育目的

教育学生树立正确的学习观、考试观，减少考试焦虑、怯场等一些不良心理的发生。

主题分析

考试，在学生的学习生活中是一件不小的事情，俗言称："考考考，教师的法宝，分分分，学生的命根。"的确，学习与训练是

与考试分不开的。考试是一种检验教师的教与学生的学的效果的有效工具和手段。可是，由于某些原因，太重视考试了，把考试几乎作为学习的核心，把分数作为衡量学生学习的唯一尺度。其实，不管教师还是学生都应树立正确的学习观，客观公正地对待考试，认识到考试是重要的，但不是训练的全部。也正是在缺乏对考试正确认识的情况下，以至于造成为数不少的学生在考试中出现了一些不良现象。如：考试焦虑、考试怯场等等。因而，对学生进行关于考试心理的指导与训练是很有针对性的，是现实的要求。

训练建议

1．教师让学生谈谈他们在考试时的心理状态，分析考试焦虑的原因。

2．师生共同讨论考试的意义何在，为什么要考试。

3．让学生讨论对待考试的科学态度是什么。

4．教师总结，并给予学生一些应试技巧和消除考试紧张、焦虑的一些方法。

驾驭好习惯

训练内容

情感共鸣

罗文应这个中学生，在一段时间里，就是管不住自己，同学们提了意见，家长也批评过，他决心改正，可一次又一次地管不住自己，而每一次都是一边玩乐一边懊恼——为又没管住自己而懊恼。妈妈批评他贪玩，他说："难道我玩得舒服吗？我心里可生气哩。"

那么，就需要交一些能够管住自己的朋友。

首先，用写座右铭、挂字画等来约束自己。西门豹性子急，就佩挂上柔韧的皮革来提醒自己要徐缓些。影片《林则徐》中，林则徐在墙上挂了一个横幅，上面写着"制怒"两个大字，用来时时提醒自己不要动怒，以免失去理智。

其次，用写日记来管住自己。日记，有人称它是"生活态度

严肃的人的自白"，有人说这是"每天和自己谈一次话。"

你在管自己的问题上，何不也交这么一些看不见的朋友呢？

认识理解

1. 大凡想管住自己而又总管不住自己的同学，都像罗文应同学这样，一边出错儿，一边懊恼，自己跟自己生气。生自己什么气呢？不外乎：

（1）不长记性；

（2）原谅自己；

（3）意志薄弱。

2. 对于不好的学习习惯，我们是可以通过各种方法加以克服的。要知道：

管得住自己——你是习惯的主人；

管不住自己——你是习惯的奴隶。

操作训练

1. 小测验

请在合适的方格□中打√

（1）你学过的功课，是不是加以复习？

□常常　　　　□有时　　　　□很少

（2）你是不是预习要学的功课？

□常常　　　　□有时　　　　□很少

（3）你上课的时候，注意力是不是集中？

□非常集中　　□集中　　　　□不太集中

（4）你是否喜欢回答老师的问题？

□非常喜欢　　□喜欢　　　　□不太喜欢

（5）你上自习课的时候注意力是不是集中？

□非常集中　　　　□集中　　　　□不太集中

（6）你不懂的功课，是不是向别人请教？

□常常　　　　□有时　　　　□很少

（7）你是不是按时完成作业？

□常常　　　　□有时　　　　□很少

（8）你是不是喜欢参加讨论？

□非常喜欢　　　　□喜欢　　　　□不太喜欢

2．学习习惯诊断书

（1）在学习中，我感到满意的学习习惯是：

（2）哪些学习习惯我感到不满意？

（3）我感到自己应该努力改进的学习习惯是：

　　　小明的学习习惯治疗卡

1995年11月5日

不良学习习惯：不按时完成作业。

怎样改进？把每天的作业记在记事本上。

老师上完一课我就立即做完这一课作业。

我邀请小帆做我的评判人，提醒我要和坏习惯绝交。一个星期后，我的表现怎样？

评判人给分：100分

是不是表扬：表扬

评判人签名：小帆

日期：1996年11月12日

　　　我的学习习惯治疗卡

年　　　月　　　日

不良学习习惯：

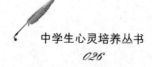

怎样改进?

我邀请做我的评判人,提醒我要和坏习惯绝交。一个星期后,我的表现怎样?

评判人给分:

是不是表扬:

评判人签名:

日期:

训练指导

教育目的

让学生认识自己的学习习惯,并努力向好的方面发展。

主题分析

学习,对于每一个学习者来说都是一项极其复杂和艰苦的劳动。学习效果的好坏受许多因素的影响,有智力的和非智力的两类因素影响。非智力影响因素有许多许多,其中学习习惯是不可忽视的因素之一。尽管在小学时,都很重视学生学习习惯的培养,可是,到了中学仍有一些学生学习习惯尚未养成,需进一步培养。

训练方法

自测与训练。

训练建议

1. 教师通过问卷形式,让学生对自己的学习习惯进行自测。

2. 针对各自存在的不良学习习惯,制订具体的改正措施。

勤奋是成功的基石

训练内容

情感共鸣

美国科普作家艾萨克·阿西摩夫一生勤奋写作，在他十五岁时，许多同学为作文大伤脑筋，他却以写小故事挣得的稿费来支付学费了。二十岁刚出头，他便写出了第一部长篇小说《机器人》。平时，他以惊人的速度进行创作，在他的脑海里，同时酝酿着的创作题材至少有三四个。他一星期七天都坐到堆满各种书报的办公桌旁，每天至少打字八个小时，他以一分钟打九十个字的速度边打字边构思，手指的动作竟然跟不上思绪的飞驰。

认知理解

1. 艾萨克·阿西摩夫的成功秘诀是勤奋，在我们的学习生活中，阿西摩夫的故事告诉我们学习成就离不开勤奋。

2. 凡欲成才者，无论其内在因素多么好（这里主要指先天素

质），如果主观不努力，不勤奋，都难以成才。当然，勤奋还要与见识、才能等相结合，方向不对的勤奋，会离成功越来越远；方法不当的勤奋，会事倍功半。在方向正确，方法得当的前提下，勤奋对成才起着重要的作用。

3．名人话时间

时间的步伐有三种：未来的姗姗来迟，现在像箭一般飞逝，过去永远静立不动。——席勒

时间是个常数，但对勤奋者来说，是个变数。用"分"来计算时间的人，比用"时"来计算时间的人，时间多出五十几倍。——巴柯夫

没有一种不幸可与失掉时间相比了。——屠格涅夫

操作训练

1．历史上、生活中，有因勤奋而成功的人吗？给大家讲讲他们的故事。

2．小组讨论

讨论主题：勤奋应从哪些方面下功夫？

讨论结果：

3．下面是小明一天的时间调查表，根据你的情况填写你自己的时间调查表，然后制定一个切实可行的作息时间表：

小明一天的时间调查表

6:00~6:30早读英语

6:30~7:00起床、洗漱、早锻炼

7:00~7:30早餐、上学

8:00~12:00在校上课

12:00~12:30回家、吃午饭

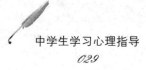

12:30~13:00中午休息、听收音机

13:00~13:30课外阅读

13:30~14:00上学

14:00~17:00在校上课

17:00~17:30回家吃饭

17:30~18:00休息、洗澡

18:00~19:00做作业

19:00~19:30看新闻联播（休息）

19:30~20:30复习功课

20:30~21:00休息（水果、点心时间）

21:00~21:45预习功课

21:45~22:00上床就寝

4．动手游戏

你能在这些名人和他们的事迹之间连线吗？查看有关书籍，
讲讲其中一二个人的故事。

汉代孙敬　　　　　　　口舌成疮、手肘见胝

晋代人车胤、孙康　　　凿壁借光

唐朝白居易　　　　　　竹管当笔

西汉匡衡　　　　　　　悬梁刺股

唐人陆羽　　　　　　　囊萤映雪

这些名人的故事给了我们什么启发？

训练指导

教育目的

激发学生的学习热情，养成勤奋好学的学习习惯。

主题分析

"天才出于勤奋"，这句话谁都熟悉，可在实际学习活动中，有许多同学坐不下来，总幻想找一条省时省力的捷径，以至于有许多宝贵的学习时间在不知不觉中给浪费掉了。对于学习有一种懒惰心理，有许多学习任务只有在老师和父母的督促下才去完成，学习缺乏主动性、自主性。显然，这样的学习效果是不会令人满意的。每一位学习者都应知道"书山有路勤为径"。

训练方法

故事启发、讨论。

训练建议

1. 教师让学生讲解关于名人勤奋刻苦的动人故事，并进行讨论，从中受到启发。

2. 结合自己看一看学习是否够勤奋，今后怎么样做。

学会读书五步法

情感共鸣

读书的第一大步：浏览。

学习一篇文章之前，先概括地审查一遍内容。

浏览的具体步骤

1. 略读题目；

2. 注意段落，分布；

3. 看看插图和图表；

4. 略读全文一遍，特别留意第一段和末段的内容。

读书的第二大步：发问。

紧接浏览之后，对文章提出问题：

例：

谁？（Who）

何时？（When）

何地？（Where）

什么事？（What）

为什么？（Why）

如何？（How）

读书的第三大步：阅读。

提出问题后，要通过仔细阅读解决这些问题。阅读的方法是把课文分成小段，然后：

1. 仔细阅读每段课文

2. 注解课文，划出重点。

读书的第四大步：复述。

将阅读提供的重点整理后，细心背诵，最后做到用自己的字句把重点复述出来。

读书的第五大步：复习。

定时复习课文的重点和摘记，也可以做习题，检查我们的记忆，看看有没有遗漏和忽略。

认知理解

1. 自从人类有了文字以来，学习总与读书联系在一起，即使在现代信息社会里，人类的知识仍主要以书籍的形式储存着。因此，对知识的摄取、筛选和重组，在很大程度上依赖于一个人的读书方法和能力。

2. 浏览——不仅可获得对全文框架的大体了解，还有助于进一步理解；发问——在这一阶段，再次进行浏览阅读；阅读——是指带着问题进行深入的阅读；复述——在这个阶段中，重新阅读，对各部分所提出的问题试予解答；复习——遗忘是一个不断连续的过程，也是资料遗失的主要原因，所以复习也要不断进行。

操作训练

学习技能测验。

请根据自己的实际情况，在题目后面圈出相应字母，每题只能选择一个答案。

A、很符合自己的情况；

B、比较符合自己的情况；

C、很难回答；

D、较不符合自己的情况；

E、很不符合自己的情况。

1. 记下阅读中的不懂之处。（   ）

2. 经常阅读与自己专业无直接关系的书籍。（   ）

3. 在观察或思考时，重视自己的看法。（   ）

4. 重视做好预习和复习。（   ）

5. 按照一定的方法进行讨论。（   ）

6. 做笔记时，把材料归纳成条文或图表，以便理解。（   ）

7. 听人讲解问题时，眼睛注视着讲解者。（   ）

8. 利用参考书和习题集。（   ）

9. 注意归纳并写出学习中的要点。（   ）

10. 经常查阅字典、手册等工具书。（   ）

11. 面临考试，能克服紧张情绪。（   ）

12. 认为重要的内容就格外注意听讲和理解。（   ）

13. 阅读中若有不懂的地方，非弄懂不可。（   ）

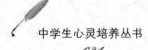

14. 联系其他学科内容进行学习。（　　）

15. 凡动笔解题前，先有个设想然后抓住要点解题。（　　）

16. 阅读中认为重要的或需要记住的地方，就划上线或做上记号。（　　）

17. 经常向老师或他人请教不懂的问题。（　　）

18. 喜欢讨论学习中遇到的问题。（　　）

19. 对需要记牢的公式、定理等反复进行记忆。（　　）

20. 善于吸取别人好的学习方法。（　　）

21. 观察实物或参考有关资料进行学习。（　　）

22. 听课时做好笔记。（　　）

23. 重现学习的效果，不浪费时间。（　　）

24. 如果实在不能独立解出习题就看了答案再做。（　　）

25. 能制定出切实可行的学习计划。（　　）

计分与评价

A得5分，B得4分，C得3分，D得2分，E得1分，把你所获得的分数全部相加，算出总分，对照评价表，就能了解自己的技能水平。

评价表

总分评价：

101分以上优秀；

86~100分较好；

66~85分一般；

51~65分较差；

50分以下很差。

教育目的

教给学生有效的学习方法，让学生学会有效学习。

主题分析

做任何事情都有一定的方法，只有掌握了方法后，做起来才轻松。学习也是一样，虽说学无定法，但也有灵活多样的学习方法。这些方法都是在有关理论的指导下，从实际学习生活中总结出来的，是行之有效的，聪明的学习者总是善于借鉴别人的好方法的。在目前大力倡导学会学习的今天，学习方法的指导日益显得重要起来，其中的五步读书法就是广为运用的有效学习法。

训练方法

自测、讲解。

训练建议

1. 教师让学生通过学习技能测验，了解自己的学习技能。

2. 教师和学生一起研究"读书五步法"。

培养学习兴趣

情感共鸣

苏步青教授是著名的数学家，原复旦大学的校长。

10岁时，苏步青远离家乡去上小学。因为语言不大通，又贪玩无人管，第一年，他的成绩在班上倒数第一，被讥笑为"背榜"。他很受刺激，羞于见人，奋起直追，第二年，就一下子跳到了班上的第一名。

13岁时，他考入了中学，起初他喜欢文学，想当文学家。可后来，受一位数学老师的影响，他渐渐爱上了数学。从此，他一有空就钻研数学，四年就做了上万道题，各科成绩名列前茅。

苏教授曾语重心长地说："人们常常以为科学家从小就与众不同，我反对这一点。学习关键要保持浓厚的兴趣和锲而不舍的钻研精神。"

他还说，各门学科都很重要，并不是数学家研究数学，文人写文章就行了，科学家同样要有文学修养。写信都不通顺的人，怎能写好科学论文呢？苏老是一位专家，是一位博学的专家，是真正的"数学诗人"。

认知理解

"兴趣"是可以培养的，一粒小小的种子为什么可以长大、开花、结果，是因为有阳光和雨露，有辛勤的园丁浇水、看护。

学习的兴趣，同样需要你细心的照顾和耐心培养。几分耕耘，几分收获。只要你辛勤的劳作，学习的园地就会长出枝繁叶茂、鲜艳夺目的花朵。

我们学习的每一门功课，对你的成长都有重要的意义，千万不要等有了兴趣才去学。对每一门学科，都抱着求知的愿望去探索，去钻研，你会发现，知识的世界是如此的广大，如此的奇妙，学习的兴趣就会不知不觉地产生，此时你就会亲身体验到学习和求知的欢乐。

操作训练

1. 分组讨论

（1）你对学习的兴趣如何？

（2）你最喜欢哪一门功课？原因何在？

（3）你有没有无趣或少趣的学科？原因何在？

（4）除了学习以外，你的主要兴趣是什么？

这些兴趣是如何产生的？可以借鉴到学习上吗？

2. 学习兴趣调查表

（1）你乐于学习的课，一定是你感兴趣的吗？

（2）你不乐于学习的课，一定是你不感兴趣的吗？

（3）你过去已有兴趣，现在更有兴趣的学科是什么？

（4）你过去没有什么兴趣，现在有一点兴趣的学科是什么？

（5）你过去有兴趣，现在没有多大兴趣的学科是什么？

（6）过去就没有兴趣，现在还是没有多大兴趣的学科是什么？

（7）你对某些学科一直都有兴趣，主要的原因是什么？

（8）你对某些学科一直没有兴趣，主要的原因是什么？

（9）对你喜欢和不喜欢的科目，最大的不同感受是什么？

（10）你在课外学习活动中，感兴趣的有什么？

（11）你的业余爱好是什么？

训练指导

教育目的

培养学生的学习兴趣，使学生愿学、乐学。

主题分析

人常说："兴趣是最好的老师"。不错，一个人只有对自己所从事的事情具有浓厚兴趣时，才会以饱满的热情，旺盛的精力投入其中，才能克服前进中的种种困难，视苦为乐。大科学家苏步青教授曾指出："人们常常以为科学家从小就与众不同，我反对这一点。学习关键要保持浓厚的兴趣和锲而不舍的钻研精神。"结合当前学生中存在的厌学现象，对其进行学习兴趣的培养是解决问题的关键。

训练方法

问卷调查、讨论。

训练建议

1. 老师对学生进行学习兴趣问卷调查，了解学生的学习兴趣。

2. 结合调查情况，组织学生讨论："兴趣与学习"，并给学生提供一些培养兴趣的方法。

明确学习目的

训练内容

情感共鸣

1. 1923年，美国福特公司的一台大型电机出了故障，公司请德国机电专家施坦敏茨来帮忙。只见他看看转转，写写算算，两天两夜后，他在电机顶部画了一条线，让修理工把他画线地方的线圈减少16圈。

故障很快被排除，这是何等潇洒的一划！

事后，施坦敏茨要价10 000美元。他在付款单上写道："用粉笔画一条线，1美元；知道在哪里划线，9 999美元。"

2. 著名指挥家小泽征尔在一次欧洲大赛中，发现评委会给他的乐谱有点问题，而评委们则向他郑重说明乐谱完全正确，是他的错觉。

小泽征尔考虑再三，大声说："不！一定是乐谱错了！"

评委们对他报以热烈的掌声，原来，这是评委们的圈套，乐谱确实错了。

认知理解

1. 这两则故事告诉我们拥有知识的重要性。社会在发展，人人在进步，如果不学习，就会落后于社会，就会被社会所淘汰。

2. 我们为什么要学习呢？这是个学习目的问题。总的说，我们的学习目的应该与社会需要一致，每个时代都有那个时代的社会需要，它集中反映了多数人的需要，只有把自己的学习目的与我国的社会主义事业紧密结合起来，才会对学习产生持久、高尚的兴趣，才会产生不可遏止的学习驱动力。

操作训练

1. 我们周围的很多人，都在以不同的形式进行各种学习，他们为什么学习？请你采访他们，写出简单的调查报告。

2. 分组讨论

（1）求学有哪些好处？

（2）我们求学的目的是什么？

（3）学习与个人生活有什么关系？

3. 完成下面问题

（1）我进中学求学的目的是＿＿＿＿＿＿＿。

（2）父母对我进入中学的最大希望是＿＿＿＿＿＿＿。

（3）老师对我们的期望是＿＿＿＿＿＿＿。

（4）国家、人民对我们的期望是＿＿＿＿＿＿＿。

（5）我该怎样努力，才能达到求学的目的＿＿＿＿＿＿＿。

4. 你求学的最主要目的是什么？

A. 探索知识，充实自己，造福人类。

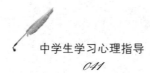

B. 摆脱现在的处境，谋求更好的社会地位。

C. 升学，以满足父母的期望。

D. 从未认真想过。

选A的人：是确信知识的价值和力量的人。相信知识是开启人生一切奥秘的钥匙，因而着实渴望能得到这把钥匙。

选B的人：是很有头脑的人，读书的最大目的就是找出路。

选C的人：学习动机一般，对于人生的自我意识尚在沉睡中，因此仍然是"好宝宝。"

选D的人：这类型的人每天的大部分时间都是在学校度过，但却不知道学习是为了什么，你只是依习惯而学习，毫无主动性可言。

训练指导

教育目的

1. 通过社会调查，使学生体会到求学的必要性，了解社会对知识的要求，明确不求学就会落伍于社会的道理。

2. 通过讨论，明确求学的好处，肯定学习的价值，使学生了解自己求学的目的。

主题分析

学习目的教育是学校的一项主要的经常性工作。进行学习目的教育旨在使学生认识学习的社会意义，把学习与祖国的建设事业联系起来。从而产生学习的需要，形成长远的间接性动机，提高学习的积极性和主动性。教育实践表明，要使学习目的性教育富有成效，必须根据学生的身心特点组织和开展活动，诸如社会调查、社会服务、参观、报告会等，都将有助于启发学生学习的

自觉性。此外，学习目的性教育要与具体学习目标相结合，避免空洞的说教。

训练方法

讲故事、分组讨论、小测验。

训练建议

1. 教师首先向学生讲述生动而具体的故事，以使学生认识到拥有知识的重要性。

2. 让学生进行分组讨论，使他们明白求学的好处。

3. 让学生对求学目的测验进行选择，从而明白自己的求学目的。

保持良好的学习态度

训 练 内 容

情感共鸣

　　天才固然值得羡慕，但并非人人皆具备。即便有了，若不善于使用，也可能是一事无成。但只要有决心，谁都可以努力奋斗。我这一生如果做出点成绩，就是因为我从小认识到自己的平凡。在五个姐妹中，我的天资最差，我不服输。如果问什么是我上进的动力？我想，也许正是小时候这种"自卑心理"，促使我养成了埋头苦干的习惯。我闷着头，一心一意要赶上周围那些比我聪明的人们。我曾在日本小学读过六年书，同学都是日本孩子，打从咿呀学语，说的就是日本语，而我呢？年满七岁才开始学日本语。有一次，老师叫包括我在内的几个学生朗读课文后，说了一句："你们当中，文君念得最好，这不是滑稽吗？"我年年获得只发给十分之一的学生的优等生奖状。

我愿做蜜蜂，做蚂蚁，不愿做蝴蝶，花大姐。

认知理解

1. 故事中的主人公具有勤奋进取，顽强拼搏等好的学习态度，这使得她在学习中克服重重困难。这说明如果一个人对学习持肯定态度，那么他就会有较强的学习愿望，就能积极参与各种学习活动，自觉地学习，从而获得较高的学习效率。相反，如果对学习持否定态度，则对学习没有积极性，不能自觉地认真学习，其学习效率自然也较低。

2. 一个人长期干同一件事难免或多或少地产生厌倦感，克服学习中的厌倦感可试着这样做：

（1）进一步明确求学的目的，增加自己人生期望值，学习动力大了，厌倦感会逐渐减少；

（2）认清学习的价值，激发自己的学习兴趣，不把学习看成是一种负担；

（3）克服厌倦感还需要坚强的意志。坚强的意志是成功的法宝，有了坚强的意志，就能增强自己的自控力。

操作训练

1. 学习态度自查表

（1）没有大人的督促，你能主动学习吗？□

    A. 主动；   B. 有时主动；   C. 不主动。

（2）你是否认为不努力学习是不行的？□

    A. 总是认为；   B. 时常认为；   C. 偶尔认为。

（3）坐到书桌前进行学习时，是否感到厌烦？□

    A. 立刻厌烦；   B. 有时厌烦；   C. 不厌烦。

（4）你讨厌学习时，是否找"头痛""肚子痛"等理由为借

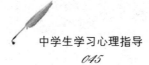

口？□

  A．有时找； B．通常不找； C．决不找。

（5）你是否认为，根据自己的情况，必须拼命学习？□

  A．总是认为； B．经常认为； C．偶尔认为。

（6）你是否认为学习没意思？□

  A．经常认为； B．有时认为； C．不认为。

（7）成绩不好的科目你是否更努力学习？□

  A．会更努力； B．有时更努力； C．不更努力。

（8）在家学习时，你是否规定好：什么时间学习什么功课？□

  A．有规定； B．有时规定； C．没有规定。

（9）你有没有因为看电视或和同学玩耍的时间过长而挤掉了学习的时间？□

  A．经常这样； B．有时这样； C．不这样。

（10）你是否曾经为了学习而不按时吃饭和睡觉？□

  A．经常是； B．有时是； C．不是。

（11）你是否因为不理解功课而厌烦？□

  A．经常厌烦； B．对有些学科厌烦；C．不厌烦。

（12）你是否预习功课？□

  A．基本上预习；B．有时预习； C．不预习。

（13）老师留的课后作业，你是否尽早完成？□

  A．基本上是； B．有时是； C．往往不是。

（14）听课中有不明白的地方，你是否在休息时和放学后向老师或同学请教？□

  A．基本如此； B．有时如此； C．不如此。

（15）学习时，你能努力在规定时间内完成任务吗？□

　　A．总是努力；　　B．有时努力；　　C．不努力。

计分：1、2、5、7、8、10、12、13、14、15题，A：3分，B：2分，C：1分；其余各题，a：1分，b：2分，c：3分。然后将各题得分累加，总分在40以上者较好，30以上尚可，30以下者要加强辅导。

训 练 指 导

教育目的

1．能客观评价自己的学习态度，明确自身的长处与不足。

2．知道正确的学习态度。

3．能自己提出养成良好学习态度的改进意见。

主题分析

《我是怎样对待学习的》这是一个学习态度的问题，对于中学生来说，他们的学习态度直接影响着他们的学习成绩。有些学生上课注意力不集中，其实质是他们注意的稳定性太差，而注意的稳定性与人的积极性密切相关。如果一个人对自己所从事的活动的意义理解得深刻，具有积极的态度，浓厚的兴趣，并且进行积极的思维活动，注意力就能够稳定持久，学习时就能专心致志。因此，教师必须使学生在明确自己学习态度的基础上，努力养成良好的学习态度。

训练方法

讲解法、心理小测验。

训练建议

1．教师以优美、生动的语言给学生朗诵一篇散文，旨在使学

生明白文中的主人公之所以取得好的成绩，原因在于她具有一些好的学习态度。

2．教师向学生讲述克服学习厌倦感的几种方法，目的是使他们能以积极的心态去学习。

3．教师让学生完成《学习态度自查表》，以使学生们对自己的学习态度有一个初步的了解。

走出学习困境

训练内容

情感共鸣

"我不是读书的料子，我永远拿不到好成绩！"

"只有聪明的学生才能拿到好成绩。"

"我已经很用功了，可是每次考试都不理想。"

"老师？我要怎样才能把数学学好？"

以上这些念头，使小明常想："我可以克服这些学习困扰吗？"于是他去找老师详谈。老师建议他先从数学学科开始建立信心，并指导一些学习方法：

1. 记录做数学作业的时间，两周后发现：演算数学的时间既少又不专心，难怪数学成绩不好。所以小明再不敢说自己已经很用功了。

2. 建立正确的学习态度与习惯，上课时专心听讲，并做笔

记，划重点，拟定读书计划，安排学习时间，并常鼓励自己"一分耕耘，一分收获。"

小明依照老师指导的方法去做，终于在第二学期考试时，数学考了五十五分，虽然比预期的六十分少，但比以前进步了十五分，已经带给他很大的激励了。

认知理解

1. 对于一种学习困扰，我们总有一种无能为力的感觉，似乎是一座翻越不了的高山，因此，有些同学失去了信心。通过"小明的进步历程"，我们可以看出，只要采取适当的措施，坚持不懈地努力，必定会突破学习上的困境。

2. 百战百胜的先决条件就是要"知己知彼"。要想突破学习困扰，首先必须明确学习困扰的原因。在有限的时间内，要解决所有的困扰是困难的。因此，我们先尝试解决一项困扰，然后反复运用，才能克服其他困扰。

操作训练

1. 分组讨论

（1）学生填"自己的想法"。

（2）由二人提出困扰问题及想法，其他组员提供参考意见，学生将讨论结果选取合适的列入表中。

（3）学生可利用此时发表心得，并填"计划解决的步骤"。

困扰项目　　　　　　自己的想法

大家提供意见　　　　计划解决的步骤

健康情形

例：上课打瞌睡　　看电视看得晚　　选择电视节目只收看电视新闻节目

睡眠时间不够　　规定自己十点以前上床休息　　中午午休一定好好休息

人际关系

学习习惯

态度、方法

环境因素

2."遇到难题怎么办?"趣味测试:

当你不会演算一道数理化习题时,你一般是:

A．马上去问老师或同学;

B．放弃;

C．请教老师,然后再找几道这一类型的题来做,力求把这一难点攻克;

D．努力地想,或查参考书,坚信一定能找出解法来。

选A的人:是只要有答案就可以呼"万岁"的人,总是不肯自己多动脑筋,只要一不懂就问。

选B的人:不仅不喜欢动脑筋,而且是学习战场上的逃兵,遇到难题就举白旗。

选C的人:是灵活性很高、很有时间观念、很重视效率的人。

选D的人:是有过这方面成功经验的人,也是很有探索精神的人。

训练指导

教育目的

1.通过阅读材料以及学生的自由发言,让学生增强突破学习困境的自信心。

2. 通过自己思考和分组讨论，探讨突破学习困境的途径和方法。

主题分析

突破学习困境对于学生学习成绩有至关重要的作用，但当前，许多同学都有"畏难"心理。"畏难"心理是人的情绪、情感中的一种消极的心理体验，俗话说，"畏难"就是遇到困难就发怵。中学生畏难情绪的产生主要来自以往多次失败的负面体验，以及由于失败招致而来的对自己的不信任甚至轻视。失败的体验会使学生评价自我时，产生"我不行"的心理障碍，从而带来情绪的低落和信心的逐步丧失，"畏难"情绪便随之产生了。"畏难"情绪的产生导致学生对自己的学习失去信心，从而影响了学习成绩。因此，作为教师，必须想办法增强学生突破学习困境的自信心，这对于学生最后的成功与否至关重要。

训练方法

讲故事、分组讨论。

训练建议

1. 教师向学生讲述生活中的具体事例，使学生认识到主人公的表现是一种"畏难"心理。

2. 让学生完成一个小测验，以使学生对自己在困境面前的态度有一个初步了解。

3. 教师让学生进行分组讨论，从中探讨突破学习困境的方法。

学会应试技巧

情感共鸣

"我写作业一般写得不错，成绩都是优，可一考试就紧张，成绩总不好，这是为什么呢？"从杜彤那焦灼的目光里可以看出，她的确很着急。

认知理解

考试是一种紧张的心智活动，需要注意力高度集中，思维积极灵活，能够迅速回忆和联想，只有这样才能有效地作答。

有些学生过于计较考试成败，在考场上一遇上较难的题目，便急得面红耳赤、满头大汗，有时连简单的题也做不出来，心里越着急越想不起来，越想不起来就越着急，结果形成了恶性心理循环，这种心理就是常说的怯场。有了怯场心理，如得不到及时调节和矫正，形成了习惯的话，则每逢进入考场

就会怯场，在这种情绪下，很难发挥出真实水平，考出好成绩。

要想克服怯场心理，可以从以下几个方面做起：

1. 端正对考试的认识，做好考前的心理准备。

2. 保持平稳和振奋的心境，考试时冷静分析，充满自信。

3. 出现怯场心理时不要慌，伏案休息片刻，转移一下注意力，使自己情绪稳定下来。

操作训练

1. 讨论以下问题

（1）考试成绩好，就是学习好吗？就是好学生吗？就会有前途吗？

（2）考试试卷发下后，学生应该如何做，才能取得好成绩？

（3）如果考试成绩不佳，你如何对待？如果你考了高分，你又如何对待？

2. 背诵考试歌

审题要细心，题意要弄清；

遇到拦路虎，不妨绕道行；

细中求速度，快中不忘准；

不争交头卷，检查要认真。

3.《你的应试作答技巧性高吗》测验

经常是　偶尔是　很少是

经常有　偶尔有　很少有

1. 你是不是经常忘记在考卷中写上姓名与座号。

（　　）（　　）（　　）

2. 你是不是认为对于关键性的考试，考场如战场，分秒必

争，把时间花在浏览试卷与答题上很不值得。

（　　）（　　）（　　）

3. 你是不是经常看错题目的要求，做了半天，最后还得重新返工。

（　　）（　　）（　　）

4. 你是否一翻开考卷，就匆匆作答，竟然忽视了监考教师对考卷中印刷错误的重要更正。

（　　）（　　）（　　）

5. 你有没有因时间计划不好而把考卷后面对你来说较容易的一些题目给耽误了。

（　　）（　　）（　　）

6. 在考试中你有没有一遇到自己没复习透的题目就感到慌张，担心考试砸锅。

（　　）（　　）（　　）

7. 你是不是经常认为考试作答按试题的顺序比先易后难的答题策略更为稳妥。

（　　）（　　）（　　）

8. 你有没有因粗心大意弄错本来很简单的问题而被扣分。

（　　）（　　）（　　）

9. 你有没有忽略卷首的作答指示语，或事先提供给你的有关已知条件，没能拿到你应该拿到的分数。

（　　）（　　）（　　）

10. 作答完毕剩有时间，你是不是愿意再三核对，宁可等到考试时间结束才交卷。

（　　）（　　）（　　）

评分与解释

凡答"经常是"或"经常有"者，记1分；凡答"偶尔是"或"偶尔有"者，记0分；凡答"很少有"者，记—1分。得分高的学生，表明他们的应试技巧还有欠缺，得分越高，欠缺越多。

训练指导

教育目的

1. 帮助学生了解考试及成绩的意义。

2. 指导学生掌握降低考试焦虑的方法。

3. 指导学生掌握有效的应考技巧。

主题分析

考试是训练和教育的一个重要环节，是每个学生校园生活中不可避免的一部分。考试是一种检验，它检查学生所学的知识是否掌握了，掌握了多少，哪些尚未掌握，并以分数的形式表现出来；考试也是一种竞争，它要求学生力争取得好成绩，以好的成绩进入好学生的行列，为升学选择打下基础。因此，考试为大多数学生带来无形的精神压力，使他们产生心理紧张和焦虑。作为教师，对于学生考试前和考试中的种种不良心理问题要有足够的重视。在考试之前，特别统考等重要考试之前，有必要对学生进行专门的心理教育训练，教师要帮助学生了解考试与成绩的意义，减轻学生考试焦虑，指导学生探讨如何有效地准备考试。

训练方法

分组讨论、心理测验。

训练建议

1. 教师通过一个具体实例，使学生明白什么是怯场心理以及克服怯场心理的有效方法。

2. 通过分组讨论，使学生明白考试及成绩的意义。

3. 教师向学生进行心理测验，使学生对自己的应试技巧有一个初步的认识。

树立正确的学习动机

训练内容

情感共鸣

做一份测验问卷，答"是""否"。

1. 如果别人不督促你，你极少主动学习。（   ）

2. 当你读书时，需很长时间才能提起精神。（   ）

3. 你一读书就觉得疲劳与厌烦，直想睡觉。（   ）

4. 除了老师指定的作业外，你不想再多读书。（   ）

5. 如有不懂的，你根本不想花太多的时间，成绩也会超过别人。（   ）

6. 你常想自己不想花太多的时间成绩也会超过别人。（   ）。

7. 你迫切希望自己在短时间内就大幅度提高自己的学习成绩。（   ）

8. 你常为短时间内不能提高成绩而烦恼不已。（   ）

9. 为把功课学好，你放弃了许多你感兴趣的活动，如体育锻炼，看电影与郊游等。（　　　）

10. 为及时完成某项作业，你宁愿废寝忘食，通宵达旦。

（　　　）

这是一个动机测验，看看你学习的动力如何，如果前5题均填写"是"，则说明学习动机太弱，如果后5题均填写"是"，则说明学习动机太强。你的学习动机怎样？

认知理解

学习的动机是指推动学习活动的内部心理过程或内部动力，它对学习活动有几种作用：

1. 激起学习行为。如果你认准了要考上大学，以此为学习目标，你就会受此动机推动去主动自发地学习。

2. 维持、增强或制止、削弱学习行为。学习毕竟会有困难的时候，这就需要有内部动机来不断推动自己坚持。如果你的学习动机是为获得外部奖赏，你总是得不到这种奖赏时，可能会制止或削弱自己的学习行为。

3. 将学生的学习行为引向某一特定目标。你如果有正确的学习动机，受此支配你会天天去学校上学。特定的动机决定的行为方向和目标。

需要注意的是，动机过强过弱都不好，动机适中，推动力就既不会不足又不会把人推倒。

操作训练

1. 展示一张图，图分三部分，先展示第一部分：一个女生在飞奔，问："她为什么跑得这么快"？再展示第二部分：一个男生尾随她飞奔，再问："女生为什么跑？"最后展示第三部分：一只

老虎尾随其后，咆哮而奔。此时再问："女生为什么跑？"由此说明：人只有受动机支配时才会干劲十足。你的动机是什么？文章开头测的动机问卷中你是否动机太弱了？

2. 看以下四个事例：

例1：甲生自幼得到祖父母的溺爱，贪玩成性。上高中后，仍不好好学习，成天花花公子一般只想着玩，问他将来想干什么，答曰："玩"。

例2：乙生对自己没有信心，总从宽要求自己，学习得过且过，每次考试六七十分，老师和家长都希望他更努力些，但他宣称："六十分万岁。"

例3：丙生自幼父母要求很严，他自己也总希望自己的学习在学校是最优秀的，并常以考上重点大学为目标。每次考试他都格外紧张，怕得不到第一。结果，压力很大，自觉太紧张。

例4：丁生喜欢学校的学习和其他活动，尤其是学会新东西的那种成就感。他平时学习很努力，也积极参加各种文体活动。他希望自己将来能考上大学，更希望凭自己的真才实学对社会有所用场。

讨论分析以上四例中学习动机与抱负水平的关系，并可以举生活中的例子加以证明。

（呈倒U的关系，太弱没有动力，太强压力太大，只有适中才会较好地发挥自己的实际水平。动机如此，抱负水平也一样，比自己的实际水平高出适当距离即可。）

3. 要建立适当的激励自己上进的动机必须有适当的抱负水平。拿出纸笔，诚实地写出自己的抱负水平，找你信任也了解你的人（父母、教师、同学等）讨论讨论。

教育目的

引导学生认识学习动机的重要作用，并树立正确的学习动机。

主题分析

动机是推动人行动的内部动力。学习动机就是推动学生克服困难、努力学习的内在动力源，即"为什么学习"，学习动机是一种广泛性的社会动机，可以在后天的社会生活条件和教育影响下培养建立，适度的学习动机可以有效地促进学生自觉自愿地完成学习任务，其培养途径可以从培养学习兴趣、明确学习目的、增强求知欲望等方面入手。高中生自我控制力增强，确立良好的长久生效的学习动机是完全可能的。

训练方法

图示法、讨论法、阅读法、自省法。

训练建议

1. 用形象有趣的图示法说明动机的重要性，并让学生自评自己的动机强弱水平。

2. 阅读四个事例，让学生讨论学习动机与抱负水平的关系，以此明确一条培养学习动机的途径。

3. 让学生自省自己的抱负水平，并检测其程度是否适宜。

学习要劳逸结合

情感共鸣

《赤壁之战》中分析曹兵的九十万大军"不足惧矣"，因为他们长线作战，奔波劳累，一直未得到休息，短期内都不会有很强的战斗力，正所谓"强弩之末不能穿鲁缟也"，去势强劲的弓箭到了射程尽端连最薄的丝也不能穿透。

其实不光是作战，我们的学习也是这样。善于休息的人才善于学习，一气学习三四个小时也不休息的人最多算精神可嘉，其做法绝对不可取，其结果只会是"心急吃不了热豆腐"，事倍功半。

人生的有些时间是必须"浪费"的，比如抽些时间去锻炼，去散步。吃完饭后不要立即去看书学习，因为这时食物积存在体内，马上坐下来看书会影响消化，而且这时全身活动的能量都集

中在消化器官，对头脑活动的供应相对不足，思维能力较差，读书效率也将随之降低。同样你感到饥肠辘辘时也不易坚持看书，因为体内饿的刺激对人的思维形成一定干扰，不易集中注意力。你还知道哪些必须休息的时候？

认知理解

一张一弛，文武之道。人要学会怎样有效地休息，我们要学会有效的休息，避免学习疲劳，提高学习效率。

学习疲劳是指由于长时间从事学习活动而产生的兴趣下降、动机减弱、身心不适等现象。当你学习疲劳时，课堂上会变得昏昏欲睡，心里想听却什么都听不进去；课后想学习，却打开书本看了半天仍在原地打转，学习效率非常低。

学习时间一定要安排合理，休息放松时间一定要保证。人的大脑工作机制就是兴奋一段时间后必然转为抑制，其他的体质体能也会因长久进行一种单调的活动得不到锻炼，而容易疲劳。不要以为学习成果与时间成正比，要记住五十分钟很可能大于一小时的学习效果。

给你几个建议：

1. 把"时间量"的限定改为"学习量"的限定。即做完此测验就休息十分钟，而不是非要学一小时再休息。

2. 在自己生物节奏高峰期多学习，低潮期尽量休息。

3. 分散学习的效果优于集中学习，不要心急"一口吃个胖子"。把一个学习任务分成若干小阶段，完成一阶段的任务就奖励自己休息。

4. 休息方式多样，尽量做自己喜欢做的事来放松训练。

操作训练

1. 判断你的生物节奏类型。

如实地回答下列问题，选出最符合你情况的答案，然后得出总分，便可知你属何种类型。

（1）如果白天的时间任你支配，你在_____时起床，才能使你进入最佳学习或思考状态：

A.早晨5:00～6:15（5分）

B.早晨6:15～7:30（4分）

C.上午7:30～9:30（3分）

D.上午9:30～10:30（2分）

E.上午10:30～12:00（1分）

（2）如果夜晚时间任你支配，你觉得_____时入睡你才能在第二天保持最佳学习或思考状态：

A.晚8:00～9:00（5分）

B.晚9:00～10:30（4分）

C.深夜10:30～12:15（3分）

D.午夜12:15～1:15（2分）

E.凌晨1:15～3:00（1分）

（3）早晨醒后半小时内，你的清醒程度_____。

A.非常清醒（4分）　　　B.比较清醒（3分）

C.有点清醒（2分）　　　D.很不清醒（1分）

（4）晚八点时你感觉_____。

A.非常累（4分）　　　B.比较累（3分）

C.有点累（2分）　　　D.状态很好（1分）

（5）你将要进行一次重要的口试，你会选择_____时

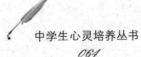

间去应试：

　　A.上午9:00~10:00（4分）

　　B.中午11:00~12:00（3分）

　　C.下午5:00~6:00（2分）

　　D.晚上7:00~8:00（1分）

　　（6）你准备在每周进行两次体育活动，每次半小时，如果在早上7:00~7:30进行，你认为在这段时间里活动，身心将会处于：

　　A.最佳状态（4分）　　B.一般状态（3分）

　　C.活动展不开（2分）　　D.根本不可能（1分）

　　（7）你将要参加一次非常艰巨的考试（时间2小时），你希望在大脑生物节奏最佳状态时进行这次考试，你会选择：

　　A.上午8:00~10:00（4分）

　　B.中午11:00~1:00（3分）

　　C.下午3:00~5:00（2分）

　　D.晚上7:00~9:00（1分）

　　（8）假设你每天将工作8小时，而且你对工作很感兴趣，下面这些连续的工作时间，哪一个是你最喜欢的工作时间：

　　A.午夜12:00~晨8:00（1）

　　B.晨5:00~下午1:00（5）

　　C.上午7:00~下午3:00（4）

　　D.中午12:00~晚8:00（3）

　　E.下午2:00~晚10:00（2）

　　F.晚7:00~晨3:00（1）

　　总分25~35分属早起型，即清晨和上午大脑工作效率高，总分8~16分属晚起型，正与早起型相反，总分17~24分属混合型，即全

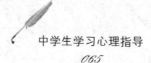

中学生学习心理指导

065

天用脑效率差不多。

人的生物节奏可以调节，青少年学生由于学校生活的影响，不适合晚起型，应加以调整。

2．听音乐体会休息的放松感觉。

参考：民族管弦乐《彩云追月》、《春江花月夜》等，外国名曲贝多芬的《A调抒情小夜曲》、德彪西的交响管弦乐《大海》等。

训练指导

教育目的

让学生明确休息的必要性，并帮助学习和掌握科学休息之道。

主题分析

"磨刀不误砍柴工"，必要的休息是提高学习效率的必要环节。高中的学习时间可以说分分秒秒都珍惜，可不知休息或不善休息的学习只会导致事倍功半的结果，所以一定要学会休息。其中包括了解你的生理工作周期，合理地安排休息时间；懂得休息的科学规律，动静结合；了解一些提高学习效果的优秀学习方法，省出足够的休息时间等等。会休息的人才是会学习的人，也才是真正"学习好"的人。

训练方法

测验法、音乐法。

训练建议

1．事先准备好人手一份量表，测验学生的生物节奏类型，相应地指导以最佳的学习时间。

2．指导学生学会听音乐休息法，了解不同的音乐能常给人脑以不同的感受，达到松弛的效果。

学会积极归因

情感共鸣

如果你最喜欢的电影演员演了一部非常糟的电影，你会怎么解释呢？有几种可能的理由，例如：也许他那阵子身体状况不佳，也许他家里突然发生了什么不幸的事，也许他因为搭档太差劲而不能发挥如意，也许他本身就是个并不高明的演员，他以前的成名全是偶然。如果你选择了前三个之类的非演员演技的原因，你还会喜欢那个演员，如果是最后一个归因，你肯定不会再像以前那么喜欢他了。

换一个主人公，你有一次考得特别好，你又会怎么解释呢？是你运气特别好，碰的？还是你那天心情特别好，意外？还是你终于考出你的真实水平了？

如果你把考好的原因归为前两类，则你不会更多地对自己有

中学生学习心理指导

信心，对运气一类偶然因素更迷信，归于最后一类的，你会因此对自己更有信心。

这两例都说明了同一行为不同归因的不同效应。

认知理解

归因，是一个心理学术语，指人们对他人或自己的行为表现进行分析，找出其解释原因的过程。

归因在日常生活中十分普遍，每个人的绝大多数行为都有其背后的原因。社会心理学对归因做了大量研究，得出有关归因的许多规律：

1. 能力、努力、运气和任务难易是个体分析学习或工作成功失败的主要因素。一般来说，有自信心的人把成功的原因归因为自己的能力强，而把失败的原因归结为自己不努力，认为只要努力程度到了，自己必定成功。相反，缺乏信心的人常把成功的原因归为运气好、任务容易等自己无法决定的外部因素，而把失败归结为自己能力差甚至无能。

2，中学生若倾向于将其学习成绩归因于自己的能力与努力，而不是归因于运气和训练难度时，会对其提高学习成绩有积极作用。

操作训练

1. 听故事，找归因。

他二十左右时失了业，但他下决心要当政治家，当州议员（1）糟糕的是他竞选失败了。一年里连受两次打击，他很痛苦，不久他又着手自己开办企业，可一年不到，这家企业又倒闭了。（2）在其后的 17 年间，他不得不为偿还企业倒闭时所欠债务而到处奔波，历尽磨难。他再一次决定参加竞选议员，这次他成功了。

（3）不久他订婚了，可即将结婚时未婚妻不幸去世。（4）他因此病倒了数月，得了神经衰弱症。两年后他觉得身体状况良好，又决定竞选议会会员，可他又失败了。五年后，他又参加竞选美国国会议员，依然没有成功。（5）三年后，他再一次参加竞选国会议员，终于当选。

（1）逐一讨论上述故事中标志的六处行为的可能原因，最终确定是什么原因导致主人公一直坚持不懈。

（2）揭示主人公就是著名的美国总统林肯年轻时的一段创业史，这时你会怎么归因？

2．举行一个小型辩论会。

正方：把失败归因于努力不足，会有帮助于学习积极性的提高。

反方：不一定有助。

3．举例子证明命题：

积极的不偏颇的归因会激励自我不断努力。

训 练 指 导

教育目的

了解归因的重要意义，指导学生学会积极的归因。

主题分析

归因，是指人们对他人或自己的所作所为进行分析，指出其性质或推论其原因的过程，也就是对他人或自己的行为原因加以解释或推测，如"他为什么这样做"等，了解了原因之后我们就可以加以预测，从而对人们加以环境和行为的控制。归因这种心理现象在日常生活中十分普遍。比如"这次考好了，是因为我运气好，还是因为我更加努力学习"等，不同的归因给个体的行为以不同的导向，教导学生把成败行为归为努力程度大小的原因，会有助于学生自我信心激励，失败不气馁，成功不骄傲。

训练方法

阅读法、讨论法、辩论法。

训练建议

1. 指导学习阅读林肯的故事，并在每次失败找出可能的原因，完成故事后的两道题，并比较不同的归因有什么不同的效果。

2. 组织小型辩论会，以此进一步明确积极的归因会有助于学生更加坚持不懈地努力。

3. 让学生自己举身边或亲闻的事例，证明积极的归因的优越之处。

勇于发言

情感共鸣

在一个教室外，你听到老师提了一个问题，话音未落，就有许多声音在争抢："老师，我！""老师，我！"你能猜出这是什么年级吗？

你肯定会说："初一以下年级"。

如果换一个教室，老师提问提了三四遍，仍然只能听到老师自己的声音："有人知道吗"？"都不会吗"？"有谁知道"？你会以为这是几年级的学生？

你会很有把握地断定："高年级的学生"！

从小学到初中再到高中，你是否发觉这种现象，踊跃发言的人越来越少了，昔日热烈积极的发言场面一去不返了，为什么呢？大家都变笨了吗？

也是，也不是。

说是，积极发言可以活跃思维，锻炼口头表达能力，能配合老师训练，能随时跟上老师的思路，好处多多，舍弃了自然是变笨了。

说不是，随着年龄的成长，大家变得顾虑多了。不再是童言无忌的年龄了，大家似乎稳重了，深沉了，不愿被当成叽喳不已的小孩了。这有生理心理发展的原因，也有社会和教育的原因，答对受奖答错受罚，颜面无光，不如"不求有功，但求无过"地保持沉默。

那么，到底该不该立即站起来发言呢？

认知理解

老师上课提问的目的是什么？

通常有三：一是巩固检查已学过的知识，二是拓深扩展旧知识，以引出新知识，三是启发引导新知识，帮助理解掌握。

对整个训练活动来说，提问和回答是必不可少的训练环节，如果老师一味自讲自的，老师会讲得热情渐低，学生也会听得平淡而被动，课堂气氛也会死气沉沉的，这对双边进行的训练活动有极坏的影响。

自古时苏格拉底创立的"产婆式"教授方法起，老师提问，学生回答，或学生主动发问，老师回答就成为知识传授的经典方式，经几千年实践证明非常有效。

所以，站起来积极发言是绝对值得提倡的！

操作训练

1. 抛开一切顾虑，站起来！

全班分为几个小组，分别讨论你、我、他不愿起来发言的所有可能的心理原因，并一一针对性地找出反对理由，最后全班在一起总结，老师写在黑板上。

2. 推选出本班最积极发言的同学，总结他（她）的个性特点，让他（她）说说对站起来发言的看法。鼓励本班不常发言的同学勇敢地站起来，说说站起来主动发言的好处。

3. 补充活动：有机会时让同学上讲台授课，大家都不主动发言，让同学亲身体会一下老师讲课提问时无人响应的感觉。

训练指导

教育目的

帮助学生克服不敢站起来发言的种种顾虑，大胆地站起来发表自己的见解。

主题分析

随着年级的升高，学生越来越多地不愿意站起来发言，这背后的原因是多种多样的，但共同的一点是有顾虑。教师是要区别对待，一一打消各类心理顾虑，让学生充分意识到站起来发言的"百利而无一害"的特点，踊跃地站起来发言，帮助老师，更帮助自己。

训练方法

讨论法、认知反驳法、角色扮演法。

训练建议

1. 分小组讨论，让学生尽可能全面地列举出不愿站起来发言的各种顾虑，然后归纳总结陈列在黑板上；

2. 组织全班同学集思广益给予每种顾虑最充分的反驳；

3. 在全班范围内选出最积极发言的同学，发现他独持的个性

特点，并让他说说对站起来主动发言的认识；

4. 鼓励一位平时不常发言的同学站起来说说主动发言的利弊；

5. 有充裕时间的话，或另外找个机会，让同学模拟一次训练，让同学体会一次作为教师对主动发言的感觉。

学会阶段性总结

情感共鸣

你知道小猴掰玉米的故事吧？他贪心地只顾着前面又大又好的玉米，一路摘一个扔一个，结果劳而无获，走了那么长的路，摘了那么多玉米，最后和刚开始的成果一样：只有一棒玉米。如果派你去掰玉米，你会怎么做呢？

我们一定要带上个容器，摘一个收获一个，积累到一定程度我们就堆在一处，确保以前的劳动成果后再往前走。

学习也是这个道理，拿背单词来说，你一天背50个，第一天记住了50个，第二天不愿花费时间去看已背过的，第三天也是，一天一天只有闷头往前背50个，虽然说起来数量挺多，可到头来前面背过的全忘了，你只能记住最后那50个，前面的已忘得差不多了。换种方法，效果就不同了，你第一天背50个，第二天复习

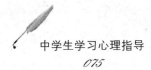

中学生学习心理指导

075

一遍前50个，再背25个，第三天粗略看看第一天的50个，再复习一下第二天的25个，然后再背25个，至此第一天所背的50个单词已基本牢记了。第四天再如此不断巩固前面的成果，你就会收获累累了。为此你要学会阶段总结。

认知理解

心理学上有个著名的艾宾浩斯曲线，显示了人类学习后记忆的规律，从中我们看出，不加及时复习，一次记忆的成果会很快地忘掉近60%，所以我们很有必要对前面学过的知识"回顾"一下。

那么，是否阶段总结就是复习呢？

阶段总结是复习的一种高级形式。单纯地重复复习只是机械地再重复一遍，而阶段总结是自己动手动脑把特定的一段时间内学过的东西串起来，总结归纳一下，做更高一层的理解工作，好比是找到一本合适的相册，把零乱的照片排列起来，以做到有条有理。

我们常说会读书的人要能把书"由厚读薄，再由薄读厚"，其中阶段性总结是一项必备的工作。你读书、学习时不妨常常问自己这样的问题：

1. 这一周（月）我都主要学会了什么？

2. 这一单元我掌握了什么内容？

3. 这节课老师教了我们什么？

4. 这一套卷子主要考哪些知识点？我主要暴露的薄弱环节在哪？

操作训练

1. 练习提炼式的总结。

（1）概括下列寓言的寓意

一个孩子伸手到一个装满榛果的大口瓶中去抓榛果，他尽其所能抓了很多，但当他想伸出手时，他的手被瓶口阻住了。这个孩子既不想放下榛果，又不能把手拿出来，只好流泪痛哭。妈妈看见对他说："别贪多，少拿一些，多拿几次，你的手很容易就出来了。"

（2）总结一下本书第三章所学的主要内容。

2. 学做承上启下的阶段性总结。

任意地选一门你熟悉的训练，找一节或一章内容，假设自己是老师，为它做个阶段性总结，要求能承上启下，且对学生有益。

3. 谈谈形成阶段性总结的习惯的利弊。

训练指导

教育目的

培养学生定时进行阶段总结的学习习惯，优化自己的学习方法。

主题分析

牛吃草时为充分消化吸收所吃进的食物，总隔一阵子进行一次"反刍"，借以确保前面所"吃"的成果，学习中要进行定时的阶段性总结也是这个道理。学习的知识要巩固牢靠，在第一遍学会后再回顾式地进行一次总结是很必要的，这种总结是更高一个层次的学习，有概括、组织、灵活运用的深加工过程，对高中生的繁重学习任务而言是一个良好的学习策略。

训练方法

阅读法、讨论法、角色扮演法。

训练建议

1. 阅读寓言，练习提炼式总结；

2. 针对学过的第三章内容，进一步练习提炼或总结；

3. 让学生扮演老师的角色，练习做有承上启下作用的阶段性总结；

4. 组织讨论，主题是阶段性总结这一学习习惯的利弊。

兴趣是成功的引路人

情感共鸣

达尔文小时候并不是一个天资聪颖的孩子，甚至有人认为他很愚钝，根本成不了大器。但是达尔文从小就对各类昆虫感兴趣，把各种各样的昆虫捉回家制成标本。他对昆虫的爱好甚至达到了痴迷的程度。有次他在草丛里搜集昆虫标本，突然发现两只从未见过的小昆虫，他马上一手捉住一只，接着他又发现了第三只，两只手不够用，情急之中，他干脆将一只昆虫含在嘴里。此时，昆虫在他的口里动起来，他感到又涩又恶心，但还是忍着没有吐出来，一直坚持回到家中，小心翼翼地将其吐出来。这样，他才松了一口气，终于将其制成标本。

由于达尔文从小对昆虫就有一种矢志不渝的兴趣和痴迷，再加上他的仔细观察，勤奋努力，被别人所认为的他身上的某些

"先天不足"也消失了，并成了世界著名的生物学家，树立了生物学发展史上的里程碑。

认知理解

兴趣是人对客观事物的选择性态度，客观存在表现为人力求认识和获得某种事物，并且力求参与相应的活动。兴趣通过情绪反应来影响一个人的行为积极性，即凡是从事自己感兴趣的学习和工作，人就会觉得心情舒畅和愉快，效率也较高；相反，如果是从事自己不感兴趣的事，则可能心理动力不够，缺乏激情，效率也较低。而我们的学习在很大程度上要受兴趣和情绪的左右，因而，我们如果要寻找学习的动力，兴趣无疑是一个最好的老师，也是我们获胜的法宝！

操作训练

1. 学科兴趣调查表

请你自己就各科学习兴趣情形，在下列适当方格中打钩，并统计各种情况所占科目有多少，作为改善的依据。教师选出学生最缺乏兴趣的学科4科，将学生分组讨论，问题如：我对XX学科缺乏兴趣的原因是什么？我要怎样改善XX学科的学习方法？我要怎样培养XX学科的学习兴趣？等等；然后在全班发表自己的看法，同学们作补充。

附：学科兴趣调查表

科目	很喜欢	无特别兴趣	缺乏兴趣
语文			
数学			
英语			
历史			

科目	很喜欢	无特别兴趣	缺乏兴趣
地理			
物理			
化学			
体育			
……			

2. 组织各种兴趣小组活动，如演讲、物理小组、化学小组、天文小组、音乐小组等等，培养学生的学习兴趣。

3. 让同学把此次活动的收获和体会写下来，并为自己今后制定计划。

4. 课后同学思考，自己学习的动力是什么，学习效果怎么样？与自己感兴趣的事物相比，效果有什么差别？如何才能激发对学习的兴趣？并如何做到持之以恒？

训练指导

教育目的

1. 通过学科兴趣调查，让学生了解自己的兴趣情况。

2. 让学生明确自己的兴趣方向，寻找合适的发展方向和途径。

主题分析

一个人在从事的活动中是否能发挥其聪明才智，是否能获得成功，不但与个人智力发展水平有关，而且在很大程度上取决于兴趣因素，特别是在学生的学习活动中，学习兴趣对学习的好坏影响很大。浓厚的学习兴趣可以激发学生强烈的求知欲，克服各种困难，不断努力进取。而对学习不感兴趣，在外部强制条件下

很难取得好结果。但我们应该认识到，人的兴趣并不都是生来俱有的，而是在后天生活实践、社会交往和教育的影响下不断发展起来的，学生的学习兴趣亦是如此。教师要善于启发学生的学习兴趣，并给予指导，以便取得令人满意的学习效果。

训练方法

调查法、活动法、作业法。

训练建议

1. 教师对每个学生不同的兴趣不要作评价，应尊重学生的兴趣，并给予引导。

2. 兴趣小组活动要成为课堂的有益补充，让每个同学都有机会参加。

3. 让同学思考问题，作出小结，写出收获和体会。

掌握自学的方法

情感共鸣

有一位世界著名的数学家，在填写学历表时，写了"初中毕业"四个字，引起了许多人的惊异，他，怎么会只有初中毕业呢？不过，事实确实如此，他就是自学成材的数学家华罗庚。华罗庚从小酷爱数学，简直到了入迷的地步，在他当学徒工的时候，柜台上经常是一边放着账册、算盘，一边放着数学书，一有空就请教这位不说话的"老师"。他长期坚持自学，19岁时就发表了第一篇数学论文；25岁时用英文写作数学论文引起国内外注意；28岁当上了西南联大教授。

像这样的事例不胜枚举，像笛卡儿、高尔基……所以，孟子说："君子深造以道，欲其自得之也。自得之，则居之安；居之安，则资之深；资之深，则取之左右逢其源，故君子欲其自得之

也。"这就是告诉我们，一个人要有较深造诣，必须学会自学的方法。

认知理解

自学是学生在学习过程中的必要因素，预习、复习、作业、课外阅读等等学习环节，往往都是学生自己完成的。缺乏自学的人，离开了老师便不知所措，寸步难行，要在学习上取得优秀成绩是不可能的。

自学也是时代对我们提出的挑战，因为信息社会的到来，使科学知识总量猛增和知识陈旧周期急剧缩短，科学信息每年以13%速度增长，每隔5~10年知识总量就会翻一番。德国学生哈根拜因豪尔经过统计认为，一个科学家一生即使每天夜以继日地学习，也只能读完世界上有关自己专业出版物的5%。更何况我们作为一名学生，即使上完大学，也只有十五、六年，大约仅占人生的五分之一。因此，具有自学能力，才能主动涉猎，自行解决问题，这是我们适应社会的必要武器。

操作训练

1. 布置同学写一篇作文《谈谈我的自学方法》，老师批阅后给予适当地总结，然后在全班公布，让同学们讨论是否可行，有哪些优缺点，怎样才能选择适合自己的方法，帮助同学们丰富自己的自学方法。

2. 阅读科学家等名人传记或其他论述读书、学习的著作，吸取他们成功的自学方法，不但能丰富自己课余生活，还能加深对科学的理解，还能从中欣赏到他们思维的独到之处，对自己起到指导作用。

3. 由教师指定一本课外读物，让同学们自学，然后交流读书

心得，教师选出效果比较好的，请他们谈自己的方法，教师借此机会指导自学的方法，如下：

（1）要选好书本，书本选得好，就可少走许多弯路，至于哪本书好，可以请教有关方面的专家或教师。

（2）掌握读书方法，自觉培养阅读能力，华罗庚的读书经验可以概括成八个字："由薄到厚，由厚到薄"，读书应该有个从粗到精，再从精到粗的过程。第一步是快速通读书本，可以先看目录，了解主要内容再浏览一遍，而不必记住具体内容；第二步是仔细研读书本，掌握具体内容；第三步是再一次粗读，进行复习巩固，使知识系统化，形成自己的知识。

（3）提高阅读速度，主要有默读、限定时间读、采取抓要点的读、通读，学会跳、缓、躲等阅读方法。

（4）经常思考，使思考成为书本知识与自己的知识之间的桥梁。

（5）要有持之以恒、迎难而上的决心和信心。

（6）经常与同学交流，多向老师请教。

训练指导

教育目的

1. 了解自学对于学生的重要意义。

2. 了解自己的学习情况。

3. 培养学生掌握自学的方法。

主题分析

因为面临高考的压力，高二学生的学习同样是非常繁重的，但在同样的条件下，有的人却能掌握大量的知识信息，获得好的

学习效果，这是为什么呢？我们发现，掌握自学的方法是非常重要的。而且，对于今后的学习生活来说，我们必须掌握自学的方法，因为随着现代科学技术的发展，信息量急剧地增加，而我们学生生涯却只有那十六、七年，如果不想被时代抛弃，必须有自学能力，这也是其重要意义所在。要使学生了解它的意义，更要实际培养他们的能力，鼓励他们发展自己独特的学习方法，取长补短，从而促进学习能力的提高。

训练方法

讲解法、作业法、阅读法、实际训练法。

训练建议

1. 教师要事前阅读有关书籍，掌握自学方法。

2. 组织好同学们互相之间的经验交流，写出体会。

3. 在训练时选好题材，教师要随时进行指导。

学海无涯

情感共鸣

王XX和刘XX是高中的同班同学，他们有一个共同的特点，那就是学习成绩优秀，每次考试二人均名列前茅。到高三时面临毕业了，学校里有推荐保送上大学的机会，论成绩二人都是有机会的，于是他们都被选去参加面试，结果刘XX被选上，可王XX却落选了，同学们都很奇怪怎么回事，纷纷向他们询问。

原来，面试并没有考什么学习上的难题，而是问了许多课外知识和有什么爱好、特长之类的问题，王一心只是死读书，许多问题都是不知道，只能遗憾地与机会擦肩而过。而刘不但书本知识学得好，而且广泛涉猎了各个领域，读了许多有益的课外书，说起话来头头是道，旁征博引，再加上他平时的小发明、小创造，自然博得了主考老师的青睐。这个事例告诉我们，只有全面发展自己，多读有益的课外书，才能做一只凌飞的雏燕!

认知理解

作为一名在校学习的学生，多数是很用功的，但往往局限于课本，对课外书很少涉及。可是知识没有一定的广度，只是孤立地打基础，死揪功课，这个基础是打不好的，更不可能在这个狭窄的基础上构筑知识的大厦。因此，要想学习好，课外阅读是必不可少的内容，只有这样才能像雏燕一样飞掠知识的海洋。

多读有益的课外书，可引起同学们的浓厚学习兴趣和探求知识的强烈欲望，开阔视野，启迪智慧，有效地培养我们的才能。如果说课堂的学习是我们攀登知识之山的阶梯，上科学之楼的扶手，那么通过课外阅读这个"窗口"，使"山外青山楼外楼"的科学知识胜境进入我们的视野，产生"欲穷千里目，更上一层楼"的炽烈愿望。

知识无边，学海无涯，让我们在花一般的金色年华，也度过我们一生中学习的黄金时代，展翅高飞!

操作训练

1. 搞一场小小的竞赛，竞赛内容全部为课外题目，选择比较常见的和同学们感兴趣的内容，以测查同学们对课外知识掌握的情况，并评选出班级明星。

2. 每人发一份调查问卷，列出你所喜欢并且读过的十本课外书，并说明好在哪里? 为什么喜欢? 对你有什么帮助?

3. 做游戏，由同学扮演书中的人物，就某一内容展开故事情节，从中体味乐趣。

4. 开展向你"推荐一本书"活动，每个同学推荐一本自认为有益的课外书，说出书的作者、背景、内容简介、意义，然后将

这些书列成一个计划表，每人课余时间至少要读完其中的十本书。

5. 组织课外兴趣小组。

训练指导

教育目的

1. 认识到课外阅读对成才的重要性。

2. 提高学生兴趣，开展有特色的课外阅读的活动，促进学生全面素质的提高。

主题分析

一直以来，课外阅读的重要性在学校老师和学生中得不到应有的认识，学生得不到应有的指导，所以产生了一些课内外学习脱节，相互影响的恶性循环。于是，我们培养了一批批学业成绩优秀"尖子"，可他们的书本之外的知识却少得可怜，难以适应未来社会对人才的需要。所以，这一个问题应该得到应有的重视，并对学生进行科学的指导，多读有益的课外书，不但能开阔学生视野，丰富知识，更重要的是可激发他们的好奇心和求知欲，从中能寻找到自己的前进方向，进而成为面向二十一世纪的全面发展的人才。

训练方法

问卷调查法、竞赛法、角色扮演法、活动法。

训练建议

1. 通过讲解使学生了解课外阅读的重要性。

2. 教师组织好竞赛、问卷、游戏等各项活动的准备工作，教师要进行充分的指导。

3. 让学生写出小结，写出体会。

阅读方法

训练内容

情感共鸣

苏步青是我国现代比较著名的一位数学家，他生于浙江平阳一个偏僻的山村，自青少年时代就爱好读书，他不但数学学得好，而且语文、化学、物理、史地、英文成绩也很好，因为他有一套读书的好方法，在较短的时间掌握了大量知识。

他读书要读好几遍，第一遍先读个大概，第二遍、第三遍逐步加深体会。起初，有些地方不懂，又无处查，他就读下去再说，以后再读，就逐步加深了理解。他认为，读书不必太多，要读得精，要读到你对这本书的优点、缺点和错误都知道了，这才算读好、读精了。一部书也不是一定要完全读通、读熟，因为全部读通了、读熟了，以后不用也会忘记的。所以，掌握正确的阅读技巧是非常必要的。

认知理解

作为学生，我们每天都要面对课本，除了听老师讲课以外，我们还要通过阅读课本进行学习，不少学生在读书时没有考虑到采用什么方法，只是从头到尾读一遍便万事大吉，收效不大，如果我们掌握一套行之有效的阅读方法，将会受益匪浅。

这里向你介绍一种由美国著名教授罗宾逊设计的ＳＱ３Ｒ方法，它的步骤是：S—Survey，浏览；Q—Question，提问；R—Read，阅读；R—Recite，背诵；R—Review，复习。

浏览是指迅速阅读标题、目录、主题句、结论、思考题、索引等，使学习者对阅读材料有一定的心理准备。

提问是指提出几个与文章有关的问题，要小而具体，对正式阅读起导向作用。

阅读时要一部分一部分地仔细阅读全文，要带着问题去阅读，寻找每个提问的答案。

背诵并不是背诵全文，而是指先对提问进行回答，并进行检查和修改，再回到文章中去。

复习时先将内容再读一遍，从整体上进行把握。其次，再看一遍所提出问题，最后要定期复习，巩固记忆。

操作训练

1. 阅读技巧的小测验

请你在下列问题后面（　　）内如实填上A或B或C，A．经常是；B．有时候是；C．从来不是。

（1）你是否对自己的阅读能力感到满意？（　　）

（2）阅读时，你是否很容易集中精力？（　　）

（3）你是否以不同的速度来阅读不同的书籍？（　　）

（4）你是否喜欢在闲暇时阅读？（　　　）

（5）你是否多读好杂志？（　　　）

（6）读报时，你是否仅看标题？（　　　）

（7）你是否阅读一些具有可看性的短篇小说？（　　　）

（8）你是否阅读一些别人推荐的小说？（　　　）

（9）阅读时，你是否试图回答书中的问题？（　　　）

（10）你是否将读书所得的信息，作为判断事情的依据？（　　　）

（11）阅读时，你是否试图评估其内容的真实性？（　　　）

（12）你是否了解理解程度有赖于自己阅读的能力？（　　　）

（13）阅读时，你是否试着尽量去理解它的内容？（　　　）

（14）你是否清楚自己的阅读目的？（　　　）

（15）你是否试图改变自己的阅读习惯？（　　　）

（16）阅读时，你是否书与眼睛保持30厘米的距离？（　　　）

（17）你是否逐句地阅读？（　　　）

（18）阅读时，你是否避免在心里默念或口中念念有词？（　　　）

（19）你是否通过努力地、细心地阅读来改善成绩？（　　　）

（20）阅读时，你是否集中焦点于其文脉？（　　　）

（21）阅读时，你是否避免看电视或听广告？（　　　）

（22）阅读时，你是否抱着达到最后目标的决心？（　　　）

（23）你是否同意，快速阅读与理解是可以并行的？（　　　）

（24）你是否觉得，一堆无意义的文字组合难以阅读？（　　　）

（25）你是否每天抽出30分钟来练习阅读？（　　　）

（26）阅读时，你是否在寻找其中的重点？（　　　）

（27）读完后，你是否复习其重点？（　　　）

（28）你是否利用图书馆的藏书？（　　　）

（29）你是否了解，建立丰富词汇的重要性？（　　）

（30）你是否留心聆听一些语言、文字专家的演说？（　　）

（31）听讲时，你是否做适当的笔记？（　　）

（32）你是否通过各种阅读来增加词汇？（　　）

（33）你是否使用字典？（　　）

（34）阅读时遇到生字或难字，你是否先做记号？（　　）

（35）你是否利用小卡片来学习生字？（　　）

（36）你是否有计划地增加自己的词汇？（　　）

上述题目做好后，计算总共有多少个 A？30 个以上为优秀，25 至 29 个为良好，20 个以上为一般。

2．分成小组，对 SQ3R 方法各步骤进行讨论，并作全班性交流。

3．同学们谈自己的读书体会，并对照 SQ3R 方法，谈优缺点，并计划如何改进。

4．老师当场出示一篇文章，大家运用 SQ3R 方法阅读，看谁掌握得最快，分析得最好。

训练指导

教育目的

使学生了解并掌握 SQ3R 读书法，提高自己的阅读技能，促进学习能力的全面提高。

主题分析

自美国学者罗宾逊提出他的 SQ3R 学习法之后，迅速风靡了美国的大专院校，并且传入我国，同样引起了很大的反响。但是，有许多同学虽然听说过，却不知如何具体应用，所以对广大同学介绍此方法很有必要。高中二年级的学生智能已经趋于发展成熟，

理解力、记忆力等已有很大提高，接受起来较为容易。SQ3R读书法有助于提高学习效率，但在督促检查应用时要注意结合实际情况。

训练方法

测验法、讨论法、实际训练法。

训练建议

1．通过阅读技巧的测验使学生了解自己的阅读能力。

2．可就阅读技巧组织大家交流，总结自己的经验和体会。

3．在实际训练时，老师要提前做好准备，对学生进行指导，力求更好地掌握SQ3R读书法。

学习的真谛

情感共鸣

一个学生曾经问我："老师，如果不通过学习能找工作，获得地位的话，你还喜欢学习吗？我想你肯定不会喜欢的，你一定要说实话。"训练的直觉告诉我，有许多同学有这样的问题，他们实际上在说学习并不是他们感兴趣的，但又不得不去学，很无奈的。于是我耐心地告诉他："其实不然，学习本身是一种非常有趣的事，我们通过学习，了解丰富多彩的大千世界，探索宇宙和大自然的奥秘，其乐无穷。为什么学习使一些学生感到的是负担，却又无可奈何呢？主要由于学校里的各种考试导致学生不喜欢学习了，因为考试使学生错认为学习就是为了考高分。这可能是由于教育形式的某些弊端所导致的，我们不是正在实行素质教育吗？"

学习本身是一种享受，一种乐趣。它不仅是在学校中进行，

生活当中我们处处可以去学习。它不仅是青少年的事，而且是每个人终生的事情。

认知理解

人类的学习是在社会生活实践中通过思维活动产生和实现的，主要是为了掌握社会历史经验和个体经验。人类的学习是以语言为中介的，是自觉的，有目的、有计划的。学生的学习是在教师的指导下有目的、有计划、有组织的在班集体中进行的。主要任务是使学生掌握系统的科学知识、技能，形成科学的世界观和良好的道德品质。

学习使人类进步，同样也使人进步。如今人类已经走进了高度发达的文明时代，文明是与野蛮相对的，人类正是由于不断的学习才从原始社会发展到今天的文明社会。野生苹果树结出的果实酸而又无法入口，而经过培育的苹果则香甜可口，这是人工栽培的结果。人也一样，如果学习得多，他就具有思想方面的修养。当然，人的情趣、体质、能力不是天生的，也只有经过培养、教育和自我教育才能形成。否则，他将成为一个野人、一个在有修养的文明人当中的粗野人，在我们的时代里，野蛮人不再是腰间挂着遮羞布、食生肉的人，而是没有受过教育，因而不会支配自己的人。

操作训练

1. 理解记住一位名人关于学习的论述。

当你感到悲哀痛苦时，最好去学点东西，学习会使你永远立于不败之地。你或许会衰老，或许会彻夜不眠，或许会失恋，或许眼看着周围的世界受到一群狂人的毁坏，或许会得知你的心声被居心险恶的人诋毁，在这种时候，只有一件事是值得做的

——学习。研究一下人世如何变迁及其原因。学习，只有学习，才会使你的心灵永不会衰竭，使你永远不会感到孤独，永远不受精神折磨，永远不担忧或疑惑，永远不后悔。

2. 帮你分析你是否想获得成功，取得一鸣惊人的成绩，出人头地呢？你一定会，因为想得到别人的承认，实现自身价值是人的一种本能。但是你有什么本事去在激烈的竞争中获得成功呢？只能靠非凡的能力，而要获得能力，就必须掌握知识，掌握知识，就要学习。

不要认为学习是迫不得已的苦差事，要把眼光放长，放远一些。人生是一次漫长的旅途，你们刚刚开始行程，在青少年阶段，学校教育帮你丰满羽翼，教你学会学习，获得谋生的本领。在青年阶段，你将用你在学校中获得的知识和能力在社会上开创你的事业并建立自己的社会地位。中年阶段，你将使你的事业辉煌，家庭美满。老年阶段你将在安度晚年的同时，为人类和社会尽最后的力量。人生就有这么几个主要阶段，每个阶段有每个阶段的任务，青少年阶段的主要任务是在学校中学习知识，发展能力、深刻思想。错过了学习的好时光，将影响你今后的生活道路，学校学习中的几年时间刻苦努力将使你未来的人生路充满光明，而此间荒废学业则意味着破坏自己未来生活的基础，把自己推到悲观失望的人们一边去。可谓学则明，无限的光明；不学则暗，无尽的黑暗。

训 练 指 导

教育目的

1. 使学生了解学习的深刻意义。

2. 学习是其乐无穷的，培养学生学会享受学习的乐趣。

主题分析

对于大多数中小学生来说，学习是一种沉重的负担，他们甚至讨厌可怕的学习，但又没有办法逃脱。这说明学生的心理发展还不够成熟，还没有了解学习的深刻的社会意义。但对于高三学生来讲，他们对学习的深层意义已经有所感悟，教师应根据他们的认知特点及时地加以引导，使他们领会到学习是人生的一大乐趣，是个人发展、社会发展和人类发展的原动力。只有通过学习、才能使自己不断地丰富，向人生的最高境界迈进，实现自己的理想和抱负。

训练方法

认知理解法、榜样引导法。

训练建议

1. 教师可举例说明只有通过学习才能了解周围的一切事物。

2. 与同学分享成功的喜悦。教师可讲述一些人通过努力学习，获得成功，沉浸在无限喜悦当中的故事，使学生受到情绪感染和心灵上的启迪。

3. 教师让学生讲述自己通过反复琢磨解出一道难题或完成一篇优秀作文时的心情。

避免出现高原现象

训练内容

情感共鸣

苏联心理学工作者普拉托夫和施瓦兹对步枪射击技能训练进行研究发现：射击的成绩，从开始到第十天，逐步提高，而且速度较快；从第十一天到第十六天停滞不前，原地徘徊；从第十六天到第二十四天又有所提高；从第二十四天到第二十八天又发生停滞现象。德国学者马多克斯对学习打字进行测量，也发现速度提高过程中有这么一种现象，即在练习后的一定阶段，成绩发生停滞的现象。

我们大多数的学习者，可能也有这样一种体会：如果考试前给我们三天的复习时间，那么会出现这样的情况，开始两天的时间内复习时，觉得在知识的巩固和技能方面有不少进步，但第三天复习的话，就觉得进步不如前二天大了，甚至学不进新东西了。

这时如果改变策略，理解贯穿全书的线索和思路，总结出重要结论和主要问题方法，就觉得又有新的收获，考试也就比较有信心了，从这里我们自己就体会到了"高原现象"。

认知理解

学习者在学习进程中常常会遇到这么一个阶段，即知识水平到一定程度时，继续提高的速度减慢，有的人甚至发生停滞不前或倒退的现象，这种现象在心理学中叫"高原现象。"由于学习者不了解它的规律，极易产生急躁、焦虑，结果影响学习水平的进一步提高。

高原现象是学习过程必须经过的四个阶段之一，研究结果表示，学习者在学习各种新的知识和技能的过程中，一般要经历以下四个阶段：

开始阶段：学习者要了解新事物、熟悉新规律，学习比较费力，因此一开始速度的提高较慢。

迅速提高阶段：学习者初步掌握了该知识、技能的重要规律或找到了"窍门"后，学习成绩明显提高，并因此受到鼓舞，提高兴趣，树立信心，因而进步很快。

学习高原期：这时由于已经掌握了一些知识，剩下的多是难点，加之精神、心理等多种因素影响，学习进步速度突然放慢，尽管每天的练习也很用心，但成绩提高不大，有时甚至成绩下降，总体上处于一种停滞状态。

克服高原阶段：当学习者坚持学习，不断改进探索方法，克服了学习途径上的困难，掌握新的规律或技巧后，学习成绩又开始逐步上升。

可见，学习知识技能，必须一个台阶、一个台阶地提高前进，

一般说都要经过以上四个阶段。当进入高原期，你要认真诊断，找出症结所在，对症下药，就能冲上去达到另一个台阶，即克服高原现象，取得新的成绩，否则会止步不前。

操作训练

1. 了解和掌握"高原现象"的客观规律相当重要，正确认识和对待在学习过程中出现的"高原现象"，而不是在它面前退下来，为了不至于从高原期滑跌下来，促使学习者在"再坚持一下的努力中"不半途而废，必须正确认识高原现象产生的必然性和克服的可能性，从而提高学习的效率。

2. 克服"高原现象"的方法

产生高原现象的原因很复杂，下面从学习方法、学习能力和学习动机等几个方面来探讨克服高原现象的方法。

（1）变换学习方法。

学习开始阶段所用的方法，到高原期不一定再合理，所以当到了高原期，学习者要尽早探索适应该阶段的学习方法。另外，学习者的学习方法在使用过程中会逐渐暴露出缺点，学生要不断改进学习方法，克服原有缺点，只有不断改进学习方法才能继续进步。例如，学习数学时，解题方法仅仅停留在初级阶段的常量代换，套公式，套题型的方法上，那么进一步解决需要运用空间想象力的问题时就必然有一个不适应的阶段，形成停滞不前，因此学习者此时必须变换学习方法。

（2）提高学习能力。

学习能力差，学习的质量不高，更容易产生学习停滞现象。传统的"填鸭式"训练使许多学生的能力不全面，形成不良的思维定式，影响思维方式的变化与转换，因而要克服高原现象，学习者必须提高自己的学习能力，用脑琢磨规律。

（3）增强克服困难的意志力。

学习者学到一定程度时，会感觉到非常疲劳，学习动机会下降许多，这时就需要学习者坚持下去树立远大的学习目标，保持强大的动力系统，遇到困难时，具有攻关精神和百折不挠的勇气，有顽强的意志力，才能克服"高原现象"。

（4）丰富知识。

知识基础差的学生很容易遇到"高原现象"。知识基础不足的学生在学习上欠债太多，长此以往他们很难抓差补缺，所以很难进步，因而克服"高原现象"的一个重要方法是丰富自己的各种知识，打下丰富而雄厚的知识基础。

（5）提高心理素质。

有些学生在困难面前易丧失信心，对自己的能力估计不足而灰心、绝望，进而影响学习进步，所以学生应注意培养自己的心理品质，如增强意志力和耐挫能力等，以一个良好的学习心态去克服"高原现象"。

训练指导

教育目的

1. 让学生了解什么是高原现象及其出现的规律。

2. 教会学生如何克服高原现象。

主题分析

学习不仅是一门学问，也是一种艺术。因而，学习也有其自身的规律和原则。教师要不断地把这些规律讲授给学生，使学生掌握这些规律，克服学习中的困难。高原现象是学生在学习中不

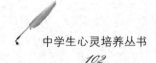

可避免要遇到的，有些中学生会因此而懊恼，认为自己太笨，进步太慢，因而教师要不断地给予指导。由于每个学生学习的具体情况不同，出现高原现象的时期也不尽相同，所以让学生学会分析高原现象，自觉地找到克服它的办法尤为重要。

训练方法

经验交流法、案例分析法。

训练建议

1. 教师结合实例分析高原现象出现的原因。

2. 把学生分成小组，交流自己在以前学习中是否出现这种现象，是怎样克服的。

3. 讲清在克服高原现象过程中意志力的重要性。

克服学习焦虑

情感共鸣

小郑是个个头不高的男孩子，小学时成绩优异，于是跳了一级并考入市重点中学，现读高三，瘦削的脸庞上总带有倦意，少有笑容。他来心理咨询，以下是他诉说的现状：我睡觉时，如果房间里开着灯，或屋里只有"滴答"作响的闹钟，我都会难以入睡。现在我21点钟做准备，21点半上床，23点钟左右睡着，到凌晨两三点钟我开始处于半梦半醒的状态，此后我不断地做梦一直到天亮，爬起来后感觉根本没睡醒，脑子里混混沌沌，人打不起精神。白天我的注意力不能集中很长时间，无论是做题还是看书，我总觉得有阻力，阻止我集中注意力。也许是长时间失眠，白天我没精神，常常显得很孤僻，很迟钝，我没有朋友，我是一个白天郁闷无精神，晚上失眠的人，一个非常自卑的孤独的人。

认知理解

小郑为什么会这样呢？他的心理问题是学习焦虑，由于他平时总是担心自己学不好，跟不上，焦虑异常，影响到正常生活、学习。原来小郑是父母唯一的儿子，妈妈爸爸没有上过大学，所以把全部的希望寄托在小郑身上。小郑也是个非常懂事的孩子，非常理解父母，总想实现父母的愿望，成名成家，所以他学习异常的刻苦。尤其进入高三，他总想着决定命运的时刻就要到了，总担心自己考不好，跟不上所学的内容，心里焦急，忧虑，并且烦躁。他总觉得有许多该学的内容没有完成，所以他开始熬夜，每晚只睡六个小时。虽然成绩有些许进步，而体力却不支了，逐渐导致了失眠。像小郑这样由于高三的学习压力和心理压力而导致学习焦虑，出现失眠、头痛、焦虑等现象的学生也为数不少。

操作训练

1. 学会二次睡眠。

高中生每天应有8~8.5个小时的睡眠时间，有些学生总是吃完晚饭后一直学习到深夜10点或11点钟，学习效果未必很好。为提高学习效率，保证身心健康，你可以将晚上的睡眠分成两部分，吃完晚饭先睡半小时或一个小时，起来后用热水洗脸，喝点水，跟家人聊聊天，约二三十分钟后头脑就会清醒了，再看书。做功课最晚到11点钟一定要睡觉了，睡不着可以在床上听些舒缓的音乐，或做松弛训练，渐渐入睡，第二天清晨6:30起床，你不会觉得昏昏沉沉，会保持一天精力充沛。

二次睡眠应注意两点：一是小睡时间不能太长，有的同学很疲劳，一躺下就睡不醒，家长心疼孩子，不愿叫醒孩子，于是一睡就2个小时或更长时间，这样会影响了晚上的睡眠；二是要持之

以恒，养成习惯。有些高三的学生认为小睡浪费时间，其实不然，磨刀不误砍柴工，大家应该牢记这一点。

2. 寻找紧张的根源，进行自我心理调节。

安静地下来，将自己担心的事情一一地写在纸上，要尽量寻找给自己造成压力的根源，尽可能多写出来，然后找出相应的，切实可行的对策，人的一生当中会遇到很多重大事件，我们必须学会冷静地处理它，比如马上到来的高考，对于每个高三学生都是考验，但紧张是没有用的，反而会影响复习，所以你莫不如心平气和地复习自己不太把握的地方，尽可能地在现有的基础上复习得更好，考试发挥自己的最佳水平就行了。

3. 松弛训练。

当你感到学习焦虑时，不妨进行一下松弛训练。

你平静地坐在沙发上或躺在柔软的床上，全身放松，心情保持平静、安定，千万不要再想别的事，注意力要高度集中，排除一切杂念，平静缓慢地呼吸，如果你已经休息了5~10分钟，做好一切准备工作，你就可以给身体上的每一个部位进行放松，可按从面部、头颈、双臂、躯干、腰腹、双腿到脚这样的顺序进行，面部的眼睛、嘴等可分别进行，其他部位也都要具体到每一个器官。

训练的口令如下，以眼睛和双手为例。

请你抬起你的眉毛，眼睛向天花板看，尽量使自己的眼睛向上看，使你的额部肌肉处于紧张状态，尽量紧张，更加紧张，最紧张，现在慢慢地恢复原状，使你的额部肌肉放松，尽量放松，更加放松，再放松，从现在开始你的双眼始终微闭着，全身放松，注意力集中直到训练结束。

现在进行双手训练，握紧你的双拳，尽量握紧，紧，再紧张，最紧张，现在恢复原状，缓慢放松双手，松，再放松。

上述口令你可以在心中默念，每天做1~2次，睡前自上而下的做会让你很快入睡，连续10天后，应该是不要再做紧张至放松口令，仅仅是做肌肉松弛的口令，再做10天以后，要训练自己能按顺序自上而下放松在3分钟内完成，以后就可以在遇到紧张的状况时快速放松。

训练指导

教育目的

1. 让学生了解学习焦虑的各种症状。

2. 使学生正确认识学习焦虑并掌握克服的方法。

主题分析

面临着即将到来的高考，每个高三学生都有很大的压力，但有的同学能够以积极的心理状态调节好各方面的压力，使自己能正常地生活和学习。也有一部分高三学生被各方面的压力所压倒，导致焦虑、失眠、神经衰弱，甚至出现严重的心理障碍，这些已经成为每年即将高考学生的普遍现象。可见，高三时期，教师使学生了解如何克服学习焦虑，以镇定自若的良好心理状态来迎接高考是至关重要的。进入高三，教师就要逐步培养学生积极乐观、不畏困苦、临危不惧的心理品质，帮助学生分析学习焦虑的危害，教给学生克服的方法。

训练方法

认知理解法、放松训练法。

训练建议

1．教师向学生讲清学习焦虑的危害及克服方法。

2．学会二次睡眠对每个高三学生的学习质量影响极大，教师要予以强调。

3．教师要培养学生学会自我心理调节。

学会科学用脑

情感共鸣

据脑科学研究发现：人脑是主宰和统率整个肌体的司令部，脑对整个肌体有生理协调，心理协调，智能开发三大功能。大脑的150亿个神经细胞不断地交换信息，这就形成了记忆、想象、思维、创造等方面的功能。平时大脑有90%均处于休息状态，人到35岁以后，脑细胞开始衰亡，但是微乎其微的。大脑细胞具有高度的反应性，适当的脑运动（即用脑）和脑营养可促进脑健康，并通过脑来协调与控制全身功能，达到真正提高学习效率的目的。勤用脑，多学习不但不会影响人的寿命，相反还会使人长寿，据抽样统计表明，世界一些著名学者，文人其寿命超过普通人8~12岁；如孔子是一代大学问家，活到了73岁，日理万机的毛泽东活到了83岁。但脑细胞又具有高度的脆弱性，当刺激物过强或者持续时间过久而超过了使神经细胞兴奋的限度，就会引起大脑的抑制过程，使思维不灵活，降低学习效率。可见，用脑真的需要讲究艺术。

认知理解

大脑的活动要有劳有逸，这是客观规律。如果违背了这个规律，紧张的学习而不休息，就会产生疲劳，降低学习效率。因此，只有科学用脑，掌握用脑的艺术，遵循大脑活动的规律来进行思维活动，才能最充分发挥大脑的功能。这是提高学习效率的又一条重要途径。掌握"用进废退的原理"，大脑作为人的生理组成部分同样遵循这个规律。如果长时间不用脑，其机能就会衰退，如果善于用脑，熟能生巧，其机能会不断进步，并激发出无限的潜能。

操作训练

1. 三分钟消除大脑疲劳。

当你觉得大脑疲劳时，不妨松弛一下，三、五分钟即可，欢迎你试一试。

鸣天鼓：双手捂耳，中指在脑枕部相接。将食指压在中指上，然后滑下敲击。

指梳头发：用双手五指自额前向后梳理头发，指尖微弯压头皮顺应向后。

揉按太阳穴：双手食指或中指，以顺时针方向揉按太阳穴，轻重适度。

分推双额：双手拇指置于太阳穴，双手食指并列纵向置于额部正中，施力向双侧分开。放松的方法很多，你可任选其一进行。

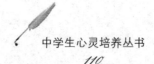

2．合理分配用脑时间。

每个人的脑功能高峰时间是不同的，有的人早晨大脑好使，有人晚上脑筋灵活，所以你应尽可能地发现自己的脑功能高峰时段，充分的利用它。

研究表明，秋季人脑功能更强，而夏季相对较弱一些。一周之内，脑的工作能力在周一要差一些，周二开始上升，高峰维持到周四，周五有下降趋势，星期六继续下降。一天当中，学习能力在上午第1节课时逐渐上升，到第2节课达到最高水平，课堂休息后的第3节课还能保持一般水平，以后则下降。根据大脑活动的以上规律，学会合理、科学地分配时间，会提高你的学习效率。

3．增加脑营养。

英国首相丘吉尔工作日理万机，开上六七个小时的马拉松会后仍精神抖擞，有人问他有何秘诀，他答道：要吃高营养的早餐，平时多吃蛋白质，因为蛋白质是维持脑功能的最主要原料。

首先，要选择一些健脑食品，如大豆及其制品，蜂蜜和蜂王浆，芝麻与核桃，各种脑髓食品，龙眼与红枣，玉米与小米，黄花菜以及各种维生素和微量元素等。

其次，要合理地安排膳食时间和质量，要特别注重早餐的质量和数量，力求做到"早餐好，中餐饱，晚餐少"。

4．保证脑有充足的氧气。

在学习之余，多参加体育运动，多锻炼，到大自然中去吸收充足的氧气，这样大脑才能进行高效率的工作。

教育目的

1. 让学生掌握大脑的活动规律。

2. 培养学生懂得科学用脑的艺术及如何消除脑疲劳。

主题分析

人脑是肌体的司令部，指挥着肌体各个部位的活动。人脑的活动是有其自身规律的，过度的兴奋会产生脑疲劳，而长时间不用脑又引起脑功能的退化。中学生在学习中经常要大量的用脑，能否遵循大脑活动的规律科学用脑直接影响着学生的学习效率。过度用脑，造成脑疲劳是高三学生的通病。所以让学生了解大脑活动规律，掌握脑卫生、脑营养的有关知识相当重要，教师要根据高三学生的作息时间，具体给学生规定出脑休息时间，使学生能够适时的消除脑疲劳，提高学习成绩。

训练方法

讲解讨论法、训练法。

训练建议

1. 课堂上，教师可指导学生进行消除脑疲劳训练。

2. 教师要使学生充分理解按规律办事，可事半功倍，而违反用脑规律，则会事倍功半。

3. 本课的关键在于培养学生形成自觉的遵守脑活动规律，科学的用脑。

端正学习态度

训练内容

情感共鸣

一个中学生在题为《一节语文课》的札记中写道：

这一节语文课，我的收获可真不小。

当老师捧着一摞五颜六色的札记本走进教室，我的心便不停地跳起来。因为我的札记写得很不认真，真怕老师批评。听到老师说要介绍几本好札记时，我才松了口气，定下了心。

老师介绍的第一本札记是金莉的，札记中摘抄的内容十分丰富。因为这些是她阅读中自己经过认真理解后最喜欢的，所以摘后短评的内容就很深刻。可我写的札记就是应付老师，老师让摘抄，我就不得不抄。抄时心不在焉，摘后短评也是时有时无，难怪老师常批评我札记的内容少。

老师又读了几本札记中的习作，听了之后，我更感到不足了。

中学生学习心理指导

113

人家用平平常常的语句，把文章写得既清楚又生动，哪像我？总是啰啰唆唆缠夹不清。可见，没有平时的点滴积累与刻苦锻炼怎么行？

这一节课，我是在悔恨与佩服两种情感交织中度过的。老师没批评我，可我觉得更难堪；老师没表扬我，可我心里也很高兴，因为我有了巨大的收获。

认知理解

这篇札记反映了该中学生对待学习的态度以及学习态度转变的心理过程。

学习态度是指学生对学习所持有的态度，包括对学习的认识、情感及意向成分。学生的学习态度有良莠之分。良好的学习态度具有学习目的明确、学习兴趣浓厚、学习行动自觉等特征。学习态度的形成受到各种因素的影响，其中既有学生自身的因素，又有教师和家长的影响。

1. 学生已有学习经验的影响。

学生现时的学习态度是在过去已有的学习经验基础上发展起来的，如果过去的学习经验是积极的、正面的，那么，学生就容易形成现时良好的学习态度。比如，一个学生在过去的学习中掌握了一些知识技能，而这些知识技能又使他在生活中获益匪浅，因此，现在他非常热爱学习，对学习具有良好的态度。

2. 学生对学习情境的感受。

学习情境包括学校的设施、规章制度、课程设置、行政管理人员、教师以及班级情况等。学生对这些情境的看法与好恶，直接影响到他对学习的态度。比如，有的同学就因为喜欢某一位老师，因而对他所教学科的学习态度就认真、就努力。

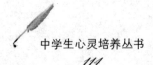

3. 学生对学习成败的归因。

学生考试之后，无论成功还是失败，都会分析一下原因。归因不同，常常会影响以后的学习态度。特别是在考试成绩不理想时，如果归因于学习不努力，那么，就是从自身寻找了原因，以后就应该通过努力学习来提高成绩。如果归因于自己脑子笨，那就可能产生自暴自弃的心理。

4. 同学的影响。

学生生活在班集体之中，班集体中大多数人的态度往往会被个人所接受。比如，一个班级中学风正，多数同学都有良好的学习态度，那么个别同学也会受到感染，形成良好的学习态度。

5. 教师和家长的影响。

教师和家长对学生学习的期望、要求、奖惩，教师的教学态度、责任心，家长的家教方式都对学生的学习态度有影响。比如，学生上课认真听课，受到老师的表扬，回家认真做作业，又得到父母的鼓励，那么，这个学生就可能会形成认真学习的态度。

操作训练

具体该如何去培养良好的学习态度呢？我们可以从以下几点着手：

1. 自我反省。

经常对自己的学习进行自我反省，能够正确地认识和评价自己的学习，及时发现自己的学习与老师的要求的差距、与同学的差距，以便自我鞭策，奋起直追。那位写札记的中学生正是通过自我反省，看到自己的不足，从而转变了对写札记的态度。自我反省也包括对自己的学习成绩作恰当的归因，学会积极的归因有助于形成良好的学习态度。

2. 消除成见。

学生常常带有许多成见，比如，有的女同学认为上高中以后，女同学便不如男同学具有智力上的优势，因而在学习上变得退缩，甘拜下风。有的同学认为自己所在班级教师的水平低，能力差，由于对老师抱有这样的成见而影响了学习的态度。要想消除成见，就要消除错觉，即不适当的认识，因为大多数的成见都是由错觉引起的。

3. 沟通感情。

同学之间、师生之间的感情应经常沟通，沟通能增进相互了解，相互喜欢。学生由对老师的喜欢会转变为对学习的重视。

4. 积极进取。

有的同学在学习中采取的是消极应付、被动接受的态度，用这种态度去学习，即使天资聪颖，也终将一事无成。纵观古今中外成就事业的专家学者，大多是具有强烈的求知欲和自我奋斗的精神的人。马克思为写《资本论》，曾仔细研读过1 500多种书，仅为写前两章，就从各种书中摘录200多处。以积极进取的态度去学习，能够克服学习中的各种困难，取得学业的成功。

训练指导

教育目的

让学生能够正确评价自己的学习态度。

主题分析

这篇札记反映了中学生对待学习的态度以及学习态度转变的心理过程。

训练方法

讲解法、心理小测验。

善于调节不良情绪

情感共鸣

让我们一起浏览几则来自中学生的日记：

"我家五口人，却挤在不足20平方米的住房里，离校又远。每当夜幕降临，我便忧愁满腹。家里的各种声音，吵得我无法集中精力做好功课。更使我苦恼的是妈妈无休止的唠叨，每天放学回家，妈妈就一边做饭，一边说个不停，把我做过的错事和每次考试的失败，都如数家珍般地唠叨一遍。我的情绪低落极了，严重影响了学习。"

"太阳放射着光芒，天空碧蓝碧蓝，舒服的微风徐徐吹来。我多么希望得到朋友，要么就孤零零一个人好了，这就是我的心愿。我真想尽情地哭……青春来到了我的身边，春情在涌动，我的全身、我的心灵已经感觉到，我的思想全部混乱。谈什么？写什么？

做什么？不清楚。"

"因为我学习成绩差，老师您在上课时很少提问我。就拿背诵课文、默写单词来说吧，您总是叫那几个成绩好的学生，我根本没有机会被叫上一次，渐渐地，我就产生一种心理：反正您不问我，背它干啥？我越想越失望，越来越自卑，成绩也越来越差。"

认知理解

这样的日记，我们还能找出许多许多，日记中的"我"遇到的一个共同的问题是受到不良情绪的困扰，从而影响了自己正常的学习和生活。是的，心理学的研究表明，情绪状态和人的认识活动有着密切的联系。良好的情绪状态能激发起人的活动能量，使人充满活力，提高学习活动的效率；相反，不良的情绪状态会削弱人的活动能量，使人萎靡不振，从而降低了学习活动的效率。

那么，是什么原因使一个个本该是天真烂漫、无忧无虑的中学生陷入了情绪的困扰呢？

1. 环境的影响。

家庭学习环境不理想常使学生心情不好，学校、班级的环境和学习风气的不良，与老师、同学关系处理不当也常常引发不良情绪，学习环境的变迁而导致的适应不良而出现一些混乱的情绪，等等。

2. 青春期的生理和心理变化的影响。

处于青春期的中学生，由于性的发育逐步成熟，性意识的觉醒，在心理上产生一种青春的躁动，同时伴随着害羞、反感、不安等心理上的不适应。许多研究表明，初中阶段女生的生理变化是影响她们情绪不安的重要原因，她们讨厌自己的"早熟"，经常掩藏着那些发育得像大人的部位。由月经而来的身体上的不快，

心理上的恐慌、不安和焦躁十分普遍。男生也面临着同样的困扰，脸上长青春痘、初次遗精都将使他们的情绪变得紧张不安。

3. 学习成绩不良的压力。

许多同学由于学习方法不当，学习成绩总是不理想，由此而背上了沉重的心理负担，产生种种不良情绪。比如，某高一男生在随笔中写道："下午考数学，由于看错了题目以及粗心大意，又考得很糟，心里很不是滋味，看着其他同学兴高采烈的样子，一种压抑感充斥了我的整个心间。我很想考好成绩，可几道习题竟一道题也做不出来；想看书，一个字也看不进去，我感到绝望。自上高中以来，我的数学成绩就没上过70分。如今，一上数学课我就怕，一做数学题就头痛，一见到数学老师就唯恐躲之不及。"

4. 自卑心理的影响。

一些同学的不良情绪是由于对自己以及周围的人有着不正确的认识从而陷入自卑的结果。比如，某初中女生长得端庄清秀，就因为长了几点雀斑，而常常照镜子看，结果，越照越觉得雀斑多起来，老觉得同学在笑她。由于她后排的同学视力下降，老师将座位对调，她更是觉得连老师都轻视她，产生了自卑心理，学习情绪低落。

操作训练

上述种种原因，青少年学生不可避免地会产生一些不良的情绪。这里关键是及时寻找原因，采取适当措施，使不良情绪得到有效调节。下面给大家介绍几种调节不良情绪的方法：

1. 面对现实，坦然接受。

面对着我们生活中的种种不如意，面对着我们一时无法改变的不良的客观条件，抱怨、忧虑常常无济于事。我们不妨面对现

实，坦然去接受它们。比如，北京的一名高中生，家里六口人挤在不足15平方米的房间里，人多嘈杂，面对这样的条件，他接受了，并积极寻找有效方法。他决定在卫生间里学习，坐在马桶上，膝盖放一个板凳。就是在这样的家庭环境中，他摘取了当年北京市高考理科状元的桂冠。

2. 生理调节，身心放松。

人的情绪与生理状态密切相关，当你被不良情绪困扰时，不妨通过改变生理状态来调节情绪。比如，打打球，跑跑步，唱唱歌，跳跳舞，甚至做出微笑的样子或者适当哭几声，都可以使你被压抑的情绪得到释放，使心情与身体一样变得放松。

3. 寻求帮助，对症下药。

当你感到心情苦闷、烦恼时，不妨与父母、老师或好朋友倾诉一下。这时，你得到的不仅仅是安慰，还会得到开导以及解决问题的方法。比如，因学习成绩不良而烦恼，完全可以通过老师的指导，寻找到适合自己的正确的学习方法，从而有效地提高学习成绩。

4. 正确认识，消除自卑。

有自卑心理的同学常常是对自己或他人缺乏客观的、正确的认识，并因而导致不良情绪。因此，通过转变认识，正确地认识自己，客观地评价他人，就可以逐步走出自卑的泥潭。

快乐学习

情感共鸣

现实生活中，许多同学都觉得学习是一件"苦差事"，因而导致了种种学习上的烦恼和困惑。一名高三学生在写给老师的咨询信中说："我初中毕业后考入一所普通高中，学习一直很努力，父母老师对我的期望都很高，希望我能考上大学。为了拥有一个更好的学习环境，父母把我转到一所重点高中去就读，起初我很高兴，因为这样有利于我学习成绩的提高，更有把握考上大学，可是经过月考、段考、中考后我才发现我想错了。我失去了在普通高中时的优势，成了这儿的差等生。我是那种不甘落后的学生，我决心集中全力学习，把学习成绩搞上去，给父母脸上争光。没想到，我越是这样想，上课越不能集中精力听讲，课下也很难进入学习状态。现在我真感觉学习是件'苦差事'。请您告诉我，我该怎么办呢？"

认知理解

本来应该是健康快乐的中学生，却把学习看作是一件如此令人感到苦恼的事情，原因何在呢？

1. 学生的学习负担过重是一个不可忽视的原因。小学一年级孩子的书包就有六七斤重。据专家分析，现行的课程、教材中，有的难度与深度已超出了孩子的接受能力。这还不算，教师在教学过程中还会加大习题量、作业量以及进行频繁的考试，这无疑进一步加重了学生的课业负担，使得学生每日疲于奔命。从这一点来看，学生的苦是客观的。

2. 教师的教学方法不当，窒息了学生原本旺盛的求知欲。六七岁的孩子总是迫不及待地想上学，可是上学后不久他们就不想上学了，这是为什么？教师教学方法不对头，只重灌输、只重记忆、不重思考，教师机械施教，学生机械地学。教师只会管、卡、压，不注意启发诱导，埋没了学生的好奇心。

3. 学生片面的学习观。自古以来就有"头悬梁、锥刺股"的苦学观，至今仍在产生影响，使学生认为学习就是苦差事，因而产生怕学、厌学心理。而同样是学习，有的学生并不觉得学习很苦，而是以苦为乐，在学习中追求获取知识的快乐，认为学习是一件愉悦身心的活动，这便是一种乐学观，是学习的一种高境界。

操作训练

作为一名学生，我们如何才能摆脱学习的烦恼，进入学习的最佳境界呢？

1. 在知识的海洋中寻找学习的乐趣。

我们每个人都有着天生的好奇心和求知欲，我们喜欢了解未

知的事物，努力探索宇宙的无穷奥秘。而学习正是满足我们的好奇心和求知欲的最佳途径，因为通过学习，我们可以获得许许多多新鲜有趣的知识，可以不断地加深对奥秘无穷的自然界和人类社会的认识，可以使自己的聪明才智得到发展。我们之所以觉得学习是一件苦差事，更多的是因为我们已习惯于把学习仅仅当做是应付考试、获取高分、考入大学、满足父母和老师的期望的一种手段。给我们施加压力，让我们感到焦虑、紧张和烦恼的，不是学习活动本身，而是游离于学习活动之外的各种诱因和目标。这些外界的力量能够推动我们的学习，但却压制了知识学习本身带给我们的欢乐。让我们抛开学习以外的种种诱惑和压力，全身心地投入知识的海洋去尽情遨游，享受知识带给我们无穷的欢乐和满足吧！

2. 学会享受付出之后的快乐。

学习是一种劳动，而且是艰苦的劳动。从本质上说，学习不可能是轻轻松松、舒舒服服的，学习是需要付出的，付出的努力越多，我们得到的快乐也就越多。科学家在探索真理的道路上经过千百次的实验、千百次的失败，最终成功了，那种快乐是难以用语言形容的。我国著名的教育实践家魏书生的一个重要贡献就在于他成功地带领学生，尤其是中差生，完成了苦学向乐学的转变。他从一节课、一个问题、一篇作文、一件事情做起，帮助学生认定要达到的具体学习目标，然后以不懈的努力去实现这个目标，最后引导学生品尝自己学习进步的甘甜乃至成功的欢乐。学习的进步或成功的欢乐使学生把克服学习困难、攻克学习堡垒当成一种乐趣、一种志趣，在不知不觉的学习过程中优化了学生的学习心理。魏书生教两个特大容量的班并兼两个班的班主任，还

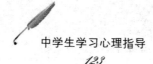

当校长，一年只上四五个月的课，而他的学生们却能自得其乐地取得优秀成绩，这一事例生动地体现了乐学这一最佳境界所产生的巨大威力。孔子把乐学当作学习的最佳境界，也并非说学习的快乐是一种不需要付出就可以轻易获得的愉悦。他正是以此来训导弟子们要发奋努力地去学习，并且把学习上的付出，当做是一件最快乐的事情。

掌握正确归因方法

情感共鸣

郭亮的父亲和马华的父亲同在一个单位上班，两家住邻居。上中学后，郭亮与马华恰巧又被分到同一个班。上小学时，这两个孩子的学习成绩在班里都是中上等。初一第一个学期期末考试后，郭亮的考试成绩很不理想，语文和外语两科不及格，其他几科成绩也都平平，在班里排名倒数第10；而马华的成绩却非常好，各科都在90分以上，在班里排了个第2名。两个孩子的家长得知他们的成绩后，自然免不了要品头论足一番。郭亮的父亲严厉地斥责他为什么考得这么糟？郭亮回答说老师讲得不好，他听不懂。爸爸一听气更大了，责问道："你说老师讲得不好，那马华和你在一个班，她能考得那么好，怎么解释？"郭亮回答说："是我脑子笨，我就是听不懂。"马华的父母一见女儿考了好成绩，齐声夸赞女儿聪明，将来一定有出息，可是马华却并不开心，她跟爸爸妈妈说："你们别太高兴了，这次考试是我运气好，碰巧老师出的题我都会做，我可不像你们想的那么聪明。下次考试没那么好的运气，你们别指望我还能考出这么好的成绩。"第二个学期的期末考试又结束了，郭亮的成绩仍不理想，而马华的成绩却有很大的退步。郭亮仍然认为是自己脑子笨，而马华则认为这次运气真的不好了。

认知理解

故事里的郭亮和马华自觉不自觉地对自己考试之后成绩好或不好的原因做了分析，这便是所谓的归因。在我们的学习和工作中，人人都会体验到成功和失败，而成功或失败之后，人们还会去寻找成功或失败的原因，这就是成败归因。

人们会把自己的成功与失败归结为哪些原因呢？美国心理学家维纳认为：人们成功或失败之后倾向于将成功或失败的原因归结为四个因素，即能力、努力、任务难度和运气。他进而用两个维度对这四个原因加以划分。一个维度是控制的位置，由此将行为的原因分为内部原因和外部原因；另一个维度是稳定性，由此将行为的原因分成稳定原因和不稳定原因。

能力是一个稳定的内部原因，努力则是不稳定的内部原因；任务难度是稳定的外部原因，运气则是不稳定的外部原因。这些不同的归因将影响人们不同的心理变化，进而影响到以后的成就行为。比如，将成功归结为能力和努力，会期待继续付出努力而再获成功，这是一种对成功的积极归因；如果将成功归结为运气，由于它是不稳定的外部原因，随时可能发生变化，难以控制，因此，对未来的成功将不抱期望，因而也就不会表现出积极的追求成功的行为，这是一种对成功的消极归因，马华的归因就属于这一类型。如果将失败归因于努力不够，由于努力是一个不稳定但可以改变的内部原因，因而可以通过努力改变失败的结果，去获得成功，会推动对成就行为的追求，这是对失败的积极的归因；如果将失败归因于能力低，那么，由于能力是一个稳定的、难于改变的内部原因，因而，对未来行为的期待还将是失败，这是对失败的消极归因，郭亮的归因便属于这种类型。

学生对自己在学业上的成功或失败的归因，既有积极的归因，也有消极的归因。一些学生对自己的成败总是进行积极的归因，即将成功归因于自己的能力和努力，一旦失败则归因于自己努力不够，这将增强他们的学习动机，促进学业成绩的提高。也有一些学生对自己的成败总是进行消极的归因，即将失败归因于自己能力低、运气差或考试太难，而一旦成功则归因于自己碰了好运或题简单，这将削弱他们的学习动机，妨碍学业成绩的提高。

操作训练

我们该如何对自己的学业成败作正确的归因呢？

1. 了解自己的归因倾向。

对照上述归因理论，分析自己以往对成败的归因多数是积极的还是消极的。如果是积极的，继续保持；如果是消极的，那么必须加以改变，通过归因训练，建立起积极的归因模式。

2. 自我归因训练。

归因训练是指通过一定的训练程序，使学生掌握有关归因的理论和技能，进行有意识的归因，改变不良的归因模式，建立起积极的归因模式，从而提高学习积极性。

归因训练通常是向努力归因方向上进行，即让学生将学业上

中学生学习心理指导

的成功与失败都与努力联系起来：成功了，是努力的结果，失败了，是努力不够造成的。

我们在自我归因训练时，每次考试之后都要对结果进行归因，如果你将成功或失败归结为努力以外的其他原因，那么要有意识地加以改变，朝着努力的方向去归因。逐渐地，你就会形成积极的归因模式。

3. 请老师和家长帮助正确归因。

当我们对自己的学习结果的归因没有把握时，可以请了解你学习情况的老师或父母帮助你分析。但他人的分析只能做参考，关键是自己要学会积极归因的技能。

克服学习无力感

情感共鸣

自打上初中以后，张艳一下子觉得数学变得难学了，一上数学课她就感到头痛，一连几次数学考试她都不及格。逐渐地，她成了班里数学学得最差的学生。她感到十分沮丧，认为自己实在不是学数学的料，自己很笨，学不好数学。因此，她给自己贴上了一个"标签"——自己数学不行。然而，尽管数学学不好，还不得不学。每次数学老师留了作业，她都是硬着头皮去做，但常常因某些题做不出来而完不成作业。她为自己完不成作业而苦恼，多次下决心从完成作业开始改变自己的现状。但每次做作业时，她首先会想到自己数学不行，产生一种畏难情绪，有时强迫自己要做完这些习题，可坚持10分钟后仍做不出来，就失望了，就放弃了，觉得自己数学真的不行，因为自己太笨了。后来，她索性破罐子破摔，连作业也不做了。数学老师发现了她的情况，耐心地帮她分析了数学学不好的原因是几次数学考试不及格后丧失了学习数学的信心，觉得自己所以数学考不好，是因为自己脑子笨，因而对以后能否学好数学不抱任何希望，以消极的心态对待数学学习，结果一考试还是不及格，由此形成了恶性循环。张艳觉得老师分析得有道理，可是该怎么办呢？

认知理解

类似张艳这种情况，在许多学生身上都不同程度地存在着。由于在学业上连续的失败的体验，从而对自己的学习能力失去信心，对学习成功不抱期望，从而厌倦或放弃学习，产生一种无能为力、自暴自弃的心理状态，即对学习产生了无力感。

无力感这一概念的提出，最初来源于用动物做的一项实验。心理学家塞利格曼等人1976年在实验中先是将狗固定在一个架子上进行电击，狗无法逃避电击。在这之后，把狗放在一个中间用矮板墙隔开的实验室里，让它们学习回避电击。对于一般的狗来说，这是非常容易学会的，电击前10秒钟，室内灯亮，狗只要跳过板墙，就可以回避电击。可是实验中的狗绝大部分没有学会回避电击，它们先是乱抓乱叫，后来干脆趴在地板上甘心忍受电击，不做任何反应。塞利格曼认为，动物在有了无法逃避的电击的经验后，产生了一种叫作无力感的心理状态。后来许多以人为被试对象的实验也都证明，人也会产生无力感。无力感产生后，有三方面的表现：（1）动机降低。积极反应的要求降低，消极被动，对什么都不感兴趣。（2）认知障碍。形成了外部事件无法控制的心理定式。在进行学习时，表现出困难，本应学会的东西也难以学会。（3）情绪失调。最初表现出忧虑和烦躁，后来就变得冷淡、悲观、颓丧，陷入抑郁状态。

在现实生活中，在人们的学习、交往等各项活动中常常产生这种无力感的现象。无力感产生的原因主要有两个：一是连续的失败和挫折的体验。比如有的学生多次考试不及格，某女青年谈恋爱连续失败等。二是对失败和挫折的消极归因，将失败的原因归结为稳定的、不可改变的、自身内在的因素造成的。比如，认为多次考试不及格，是因为自己脑子太笨；恋爱失败的女青年认为是自己长相不漂亮造成的。脑子笨和长得丑都是难以改变的，如果失败的原因果真如此，那么失败也就无法改变，无法避免，将来还会失败。

操作训练

前面提到的张艳同学在数学学习上的无力感主要是这样两个原因造成的。那么，我们该怎样消除和克服在学习上的无力感呢？

1. 获得成功的体验。

无力感产生的首要原因是多次连续的失败和挫折体验，使人觉得自己总是和失败相伴随，而没有成功的可能。而一旦你获得哪怕是一点点成功的体验，那种失败是不可避免的神话就被打破，便会重建成功的信心。比如，数学考试总是不及格的学生，经过努力在一次小的单元测验中考了80分的成绩，便会在很大程度上减轻或消除在数学学习上的无力感。

2. 对成败作积极的归因。

无力感产生的另一个重要原因是对失败的消极的归因。如果我们能改变一下，从另一个角度去分析造成失败和挫折的原因，那么，无力感的状态就可打破。将失败归结为无法改变的内部原因是消极的归因，而将失败归结为可以改变的内部原因便是积极

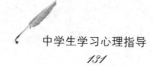

中学生学习心理指导

的归因。比如，将数学考试不及格归结为自己能力低、脑子笨，这于事无补。如果将考试不及格归结为自己努力不够，那么这是一个可以改变的原因。努力是我们自己可以控制的因素，我们可以随意增加努力或减少努力，只要认为失败是由于努力不够造成的，我们就可以通过坚持不懈的努力去改变失败的状况，去获得成功。我们也可以将考试不及格归因于自己的学习方法不当。这也是一个可以改变的因素，我们可以通过改变和寻找适合自己的正确的学习方法、学习策略，从而提高自己的学习成绩。

另外，对于考出的较好成绩，也不要归因于侥幸、题简单等偶然的、外部的因素，应将取得的成绩归因于自己有能力和付出努力的结果，这样才能期待着以后通过努力取得更好的成绩。

用脑艺术

情感共鸣

许多同学进入中学后，由于学习科目的增加和升学的压力，学习负担越来越重。有些同学为了超过别人，取得更好的成绩，一味地追求比别人学习的时间更长。他们整天不离教室，就连课间10分钟也不休息，仍忙着解题或看书，放学回到家里仍然加班加点，开夜车直至后半夜，已是神倦意疲，还在坚持。

认知理解

这些同学想抓紧时间学习，取得好的学习成绩的初衷是好的，但这样做是否真能取得预期的效果，这便很难说了。因为这种学习方式违反了用脑卫生，不符合科学用脑的常识，因而学习效率并不高。一些同学由于长时间用脑而使大脑处于疲倦状态，进而出现动作不协调，注意力不集中，思维迟缓，反应速度减慢等一系列的不良生理和心理变化。在这种情况下，花再多的时间学习，也不会有好的效果。

科学用脑，就是根据大脑的工作特点和规律，讲究用脑卫生，避免大脑疲劳，使大脑保持正常的工作状态，以提高学习和工作效率。

操作训练

怎样做才是科学用脑呢?

1. 劳逸结合，适当休息。

大脑工作时，神经细胞处于兴奋状态，根据神经活动兴奋与抑制过程相互诱导的规律，可以知道，长时间兴奋，就会转入抑制状态。当我们长时间看书学习，觉得头昏脑涨、注意力不集中，就是大脑神经活动出现抑制的结果。这时如果还不适当休息，就会使兴奋与抑制失去平衡，并有可能导致神经衰弱。因此，我们应该学会劳逸结合，在学习、工作一段时间后，就应该适当休息一会儿，这样才能保持充沛的精力，提高工作、学习效率。

2. 制定合理的作息时间。神经系统的兴奋与抑制的相互交替带有一定的节律性，人的正常的作息会受到这种节律性的制约，即白天工作、学习和活动，晚上休息和睡眠。巴甫洛夫曾指出："在人类机体活动中，没有任何东西比节奏性更有力量。"因此，我们应当按照人体固有的生物节奏，养成每天按时起床、活动，按时就寝、休息的习惯，并且在时间上要合理，不要形成夜间点灯熬油开夜车，白天睡大觉的不良作息习惯。

3. 适当参加文体活动。

在我们紧张工作学习之余，参加一些文体活动，如唱歌，跳跳舞，打打球，或者到室外去散散步等，都可以调节脑细胞的工

作，并使大脑的氧气等营养物质的供应有所增加，促进新陈代谢。

4．经常变换学习内容。

单调的刺激信息反复作用于大脑，会使大脑很快产生保护性抑制。大脑皮质有着不同的分工，接受不同的刺激。因此，变换学习内容，可以使大脑皮层的兴奋点从一个区域转移到另一个区域，推迟抑制作用的发生。车尔尼雪夫斯基说："变换工作就等于休息。"

居里夫人在谈到自己的读书方法时，也说："我同时读几种书，因为专门研究一种东西会使我宝贵的头脑疲倦。"我们在每天的学习中，也不要总是学习某一学科的内容，而应不同学科交替进行，或者将听、说、读、写等不同学习活动交替进行。

5．给大脑提供充足的营养。

大脑在工作时，要消耗大量的氧气和其他的营养。一个脑力劳动者看似不动，但大脑紧张工作所消耗掉的能量，并不亚于一个体力劳动者。消耗了的能量，必须获得补充，其来源就是饮食。因此，一日三餐的营养一定要搭配合理，每餐都应保证有足够的蛋白质、糖和维生素等的摄取。要讲究营养的平衡，除必要的主食外，每餐都应有一定比例的鸡蛋、鱼、肉、豆制品等含高蛋白的食品和新鲜的蔬菜或水果。尤其注意早餐一定要保证，而且要吃好，不要因为早晨时间紧，而匆匆对付一口，或者干脆不吃早餐，这既会影响身体健康，也会妨碍大脑摄取足够的营养。

6．学会做健脑操。

人的大脑左右两个半球有着不同的分工。一般来说，左半球主要负责语言的、逻辑的、数学的、符号的、线性分析的等抽象思维活动；右半球主要负责想象的、图形的、色彩的、音乐的、情感的等形象思维活动。而且人脑左右两个大脑半球对身体实行交叉控制，即左半球控制身体的右半部的活动，接收来自身体右半部的信息；右半球控制身体的左半部的活动，接收来自身体左半部的信息。

根据大脑左右半球的这些特点，我们可以采取身体运动法达到健脑的目的。语文、数学等以使用左脑为主，那么课下就多活动右手右腿，由慢到快，做各种运动；音、体、美以右脑为主，因此，课下可以多活动左手、左腿。

另外，经常做有一定节奏的深呼吸，可以增加大脑的供氧量，及时补充大脑工作时消耗的氧气，以保证大脑对氧的需求，也有助于大脑的保健。

学会睡眠

训练内容

情感共鸣

　　一位大学一年级的新生在谈到自己的高考经历时说："高考的前一天，我就特别的兴奋，总是想着第二天就要参加高考的事情，甚至连吃饭也无精打采，没心思吃。到了晚上，对即将要考的科目越发感到心里没底，似乎还有数不完的知识要复习，但余下的时间太少了，看也来不及了，索性就上床早些休息，以保证在考场上有充沛的精力去答卷。因此，我比通常的睡觉时间要早一个小时，就躺在了床上，但并无困意，我就闭上眼睛，强迫自己尽快去睡。可过了很长时间，还是没有睡着，脑子里乱哄哄的，不知在想些什么。我开始在心里默默数数，可还是不见效，反而越数越清醒，大有一发而不可收之势，于是我不再数了。就那么迷迷糊糊地躺着，翻来覆去的，也不知什么时候睡着的，但肯定早已过了后半夜。结果，第二天早晨勉强起床，去参加考试。在考场上虽然并未感到困，但明显感到头脑反应不够敏捷，思考问题显得很迟钝，注意力不能很好地集中，因而影响了考试的正常发挥。最后的高考成绩总分以1分之差而未能进重点院校录取线，尽管没有落榜，但与自己理想中的大学失之交臂，留下终生遗憾。"

认知理解

失眠会给人带来多么严重的不良后果，尽管不是每个人的失眠都会影响到一生的前途，但失眠会使人精神萎靡不振，注意力难以集中，情绪低落，还容易使人变得紧张、急躁，从而影响了工作和学习的效率却也是不容忽视的事实。

失眠是一种常见的睡眠障碍，主要表现为想睡觉的时候睡不着或者睡眠质量差。失眠主要有三种类型，为入睡困难型，二为中途易醒型，三为早起型。

无论是哪种类型的失眠，原因主要有以下几个方面：

1. 环境不佳。如房间的温度过高或过低，噪音过大，光线过强以及难闻的气味，床铺不舒适、蚊虫叮咬等均可引起失眠。

2. 突然改变习惯。睡眠在很大程度上是一种习惯。一般人每天几点上床，几点起床，基本上是固定的。因此，一旦改变睡眠习惯，比如提前上床，或睡觉时间过晚，或者到一个陌生的地方睡眠，都可能诱发失眠。

3. 情绪干扰。心理上的紧张、忧虑、不愉快以及各种杂念极大干扰了正常的睡眠。有人一躺下就想起很多往事，回顾过去，或者计划将来，担心可能会遇到的挫折和失败；有人从印象深刻的梦境中惊醒，情绪久久不能平复，难以再度入眠；有人甚至对失眠产生恐惧，一到晚上就害怕失眠，造成心情格外紧张而更难入眠。

4. 疾病。许多身体上的病症会妨碍睡眠，比如，牙痛、头痛、咳嗽、哮喘等常见病会干扰人的睡眠。另外，神经衰弱症等是导致失眠的一个主要病症。

操作训练

怎样才能防止失眠？怎样才能保证有充足、良好的睡眠呢？

1. 不要害怕失眠。

有许多人之所以失眠就是由对失眠的担心引起的，他们把睡眠看得过重，唯恐睡不好会影响大脑休息，一上床就紧张，越紧张越兴奋，越兴奋越睡不着。其实，偶尔的一两次失眠并不可怕，即使没睡好，也会通过下次睡眠或其他方式得到补偿，不必为此而忧心忡忡。万一躺下后长时间睡不着，不如干脆起床看一些不感兴趣的书，等有了困意再去睡不迟。

2. 要养成有规律睡眠的习惯。

要养成按时就寝、按时起床的良好习惯。按时睡眠的习惯一旦养成，就会在大脑形成动力定型，到了晚上一定的时间，大脑工作就由兴奋逐渐转为抑制，这时就寝，自然而然就能睡着。早晨要按时起床，不睡懒觉。即使夜里没有睡好，也应按时起床，这样坚持一段时间，睡眠就会逐渐好转。有规律的睡眠还包括要尽量保证睡眠的时间。睡眠时间的长短与年龄有关。10岁到13岁小学生要保证睡眠10小时左右，14到17岁中学生，要睡9个小时左右，18岁以上的成人应睡8小时左右。

3. 睡前情绪要平静、轻松。

入睡前情绪不要太激动、太兴奋，也不要生气、发怒，要保持心境平稳、轻松，不要想那些过去的经历或者第二天要去做的

事情。在睡前可以适当做些放松的活动，散散步、练练气功等。

4. 讲究睡前生理卫生。

晚饭要定时定量，不要吃得过多过饱，也不要吃得过少。吃得多，加重胃肠负担，影响睡眠；吃得过少，感到饥肠辘辘，血糖下降，也难以入睡。另外，睡前不要吸烟、喝咖啡或浓茶，要刷牙、洗脸、用温水泡脚，有条件的最好洗洗澡。

消除学习疲劳

情感共鸣

美国著名成人教育家卡耐基在一篇题为《到健身房去》的文章中写道："我若发现自己有了烦恼，或是精神上像埃及骆驼寻找水泉那样地猛绕着圈子转个不停，我就利用激烈的体能练习活动，来帮助我驱逐这些烦恼。那些活动可能是跑步，或是徒步远足到乡下，或是打半小时的沙袋，或是到体育场打网球。不管是什么，体育活动使我的精神为之一振。每到周末，我就从事多项运动，例如，绕高尔夫球场跑一圈，打一场激烈的网球比赛，或到阿第达克山滑雪。等到我的肉体疲倦了，我的精神也随之得到休息。因此，当我再度回去工作时，我精神清爽，充满活力。"

可见，运动是卡耐基解除疲劳与烦恼的一剂良药。

认知理解

疲劳分两种，一种是生理疲劳，一种是心理疲劳。长时间从事体力劳动后产生的疲劳，主要是生理的疲劳，这种疲劳只需安静休息就可解除。长时间从事脑力劳动后产生的疲劳，主要是心理疲劳，这种疲劳损伤的不是人的体力，而是人的心理能量，使人感到头昏脑涨，注意力涣散，记忆力减退，思维呆滞，运转不灵。青少年学生在学习之后感到的疲劳主要是心理疲劳，造成心理疲劳的原因，一是长时间学习，大脑未得到充分休息而产生保护性抑制；另一个更重要的原因是学习负担过重的压力造成学生在学习过程中的过分紧张和焦虑。由于紧张和焦虑，消耗掉了我们许多本应用在学习上的心理能量；由于紧张和焦虑，许多同学学习起来眉头紧锁，双肩耸起，坐姿僵硬，把全身所有的肌肉都动员起来去帮助"用力"，它又在无形中消耗掉了我们许多身体的能量。身体能量的消耗，在一定程度上也妨碍了对大脑所消耗的能量的及时补充，会进一步加速脑的疲劳。正如卡耐基所说："困难的工作本身不一定会产生好好地睡上一觉，或者休息以后不能消除的疲劳，而忧虑、紧张和情绪不安才是疲劳产生的三大原因。"

操作训练

要想从根本上消除学习之后的心理疲劳，必须进行心理的自我调节，消除紧张和压力，达到充分的自我放松。具体方法如下：

1. 预防疲劳。在你感到疲劳之前先休息。疲劳是学习的大敌，等疲劳产生后再去消除，疲劳已经妨碍了我们的学习，降低了学习效率，因此，预防疲劳更为重要。

预防疲劳的主要方法就是经常休息。卡耐基说："能坐下的时

候，决不站着；能躺下的时候，决不坐着。在你感到疲劳之前先休息，你每天清醒的时间可以增加一小时。"爱迪生认为他的无穷的精力和耐力，主要来自一点：想睡就睡。

作为学生，我们不能在课堂上想睡就睡，因为这会直接妨碍我们的听课学习。为了避免在课堂上因困倦而睡觉，我们可以在其他时间睡上一觉。比如，课间休息的10分钟，你完全可以闭上眼睛打个盹。只需打个盹，仿佛时间只过了一两秒，但它能保证你随后的一节课里精力充沛；午饭后睡上10~20分钟，这可以预防通常在下午出现较频繁的疲劳；晚饭后再睡10~20分钟，这可以使你整个晚上的学习时间延长，且效率提高。有些同学不善于随时随地休息，总是把该睡的觉都积攒到一起，常常是不睡则已，一睡不起。在白天一觉睡两个小时，甚至更长时间，起来之后，不但达不到休息的目的，常常会使人感到头脑昏沉。

2. 自我想象，放松身心。心理医师马科思维尔·马尔茨建议，经常做如下的想象练习，可以放松身心，平心静气地坐下来，闭上眼睛，在大脑中浮现出以下形象：想象自己睡在床上，自己的双脚是混凝土铸的；再想象手和脚一样，身体已经沉到床下了；然后，想象自己的身体是由几个胶皮气球组成的，把脚上的阀门打开，放气，脚开始瘪了；接着，把其他部位的阀门全打开了，想象自己整个身躯都变瘪的情形。

2. 学会精神愉快地去学习。带着忧虑、带着烦恼，满面愁容地去学习，再简单的学习内容，也会使人迅速疲倦。如果能将学习当成一件你喜欢做的事情，带着一份愉快的心情去面对学习，即使学习内容很多，难度很大，你也不会那么快就感到疲劳，这也是为什么许多人忘我工作与学习而不知疲倦的原因。

4. 用身体的运动去缓解大脑的疲劳。在紧张的学习之余，大声地唱一首自己喜欢的歌，既可以使自己感到愉快，也可以通过发音器官的运动，让疲劳随歌声飘走。

坚持做一项简单的身体运动，最好选择那种不受场所、器械限制，一个人随时随地可以做的运动，如跑步、体操、打拳等等。

学会与同学一起玩，玩既是娱乐，又是一种积极的休息，会学习的同学也要会玩。打球、踢毽子、跳皮筋、跳绳等多人参加的游戏，会使人感到兴奋、刺激，游戏之后，精神疲劳会消失得无影无踪。

合理开展学习竞赛

情感共鸣

我们先介绍几个心理学小实验：

心理学家梅禹尔（1903）以平均年龄为12岁的14名儿童为被试者，让他们进行推理、记忆等学习活动。其中，一些被试者是在相互竞赛中进行学习，另一些儿童则自己单独进行学习。结果发现，组成团体相互竞赛比单独进行学习的儿童，在推理和记忆的数量上约增加30%～50%，而且出现的错误也较少。

惠特谟耳（1925）在一个实验中把12名男女大学生分为两组，让他们做机械工作和心理工作。对甲组说要同他人竞赛，对乙组说只需尽力去做，不要求胜过他人。结果，甲组比乙组的效率提高26%。

马勒（1928）请1 538名5～8年级的学生为被试者，在实验中

让他们做许多简单的加法运算题。这些学生被分成三组，每组以不同的方式完成运算。甲组为单纯练习组，不记分数，自己做自己的；乙组为个人竞赛组，鼓励个人间竞争，记分数、评名次、发奖品；丙组为团体竞赛组，把学生分成两个团体，要求两个团体相互比赛。实验结果表明：竞赛组比单纯练习组效率高，而且个人竞赛组比团体竞赛组效率高。

认知理解

有关竞赛对学习的影响的研究还有许多。一般来说，竞赛分为两种方式，一种为个人竞赛，一种为团体竞赛。所谓个人竞赛是指以个人自己的成绩与他人的成绩进行比较；所谓团体竞赛是指以一个团体的成绩与另一个团体的成绩进行比较，也包括团体和团体自身过去的成绩进行比较。正如前述实验研究所表明的那样，无论是个人竞赛，还是团体竞赛，都能激发学生的学习动力，提高学生的学习积极性，提高学习效率和学习成绩。这是因为，在竞赛的状态下，学习者的注意力和精力高度集中，进入了一种紧张而又兴奋的竞技状态，调动了自己各方面的学习潜能，因而促进了学习。心理学的研究还表明，竞赛不仅有助于激发并加强学习动机，而且还有如下几方面的良好作用：

1. 竞赛可以促进学生不断提高学习目标。只有不断提高学习成绩，才能在竞赛中超过对手，稳操胜券。竞赛在客观上要求学生不断地提高学习成绩，不断地向更高的目标迈进。

2. 竞赛的胜利会使学生产生成就感、满足感，从而增强了学习自信心。

3. 竞赛的失败有可能使学生更深入地认识自己在学习上的不足之处，查明失败的原因，寻找继续前进的道路和方法。

中学生心灵培养丛书

可见，竞赛会促进学习。正因为如此，在学校里，不仅学生之间会有自发的竞赛，而且学校和教师也自觉或不自觉地通过考试评分、评奖、排名次等方式在鼓励学生竞争。

然而，竞赛也有弊端，过强、过频的竞赛会使学生想到紧张、焦虑，加重了学生的学习负担，不利于学生的身心健康发展；在竞赛中经常失败的学生会产生严重的自卑感，会感到无能为力，对学习成功丧失信心，从而自暴自弃；竞赛也可能导致学生之间的相互冷淡、互不友好、人际关系紧张等等。

操作训练

竞赛对学习来讲，是一把双刃剑，它既可以促进学生的学习，也可能妨碍学生的学习。因而，我们在学校中进行竞赛时，必须注意以下几点：

1. 适当竞赛。

我们采取竞赛的目的和出发点都应是促进学习。竞赛也确实能够提高学生学习的积极性，提高学习效率和学习成绩，但这一切必须有一定的限度。超过了一定的度，无条件地、盲目地追求更多、更高强度的竞赛，势必会造成过度紧张的学习气氛，加重学生的学习负担。同时，有可能助长了竞赛胜利者的骄傲之气，变得目中无人，也有可能加重了竞赛失利者的自卑和压力，感到低人一等。这样，竞赛便失去了其应有的激励作用。

2. 自己和自己竞赛。

竞赛的弊端常常出现在我们和其他人相互竞赛时。如果我们能换一种方式，进行自我竞赛，自己和自己比，竞赛的消极影响就会得到控制，从而发挥出竞赛的激励价值。自我竞赛遵循的座右铭是："今天要比昨天好，明天更比今天强。"因而，竞赛的结

果，胜利者永远是自己，而没有失败者。

3. 提倡能力分组竞赛。

学生原有的学习基础不同，学习能力也有高有低，如果不加区分地让所有的学生都按同一标准去相互竞赛是十分不公平的，能力差的同学在竞赛中必然会接二连三地失败。如果我们能够按学生的能力分组竞赛，即让学习成绩好、能力强的同学编为一组相互竞赛，又让学习成绩差、能力弱的同学编为一组相互竞赛，这样，就使每一个学生（包括一贯成绩不好的学生）都在竞赛中有一个获胜的机会，使更多的学生体验到成功，以提高学生的自尊心和自信心。

4. 提倡团体竞赛。

尽管个人竞赛比团体竞赛效率高一些，但个人间的竞赛会造成学生间相互对立、互不友好、互不合作的气氛，不利于培养学生相互合作、相互关心的集体主义精神。因此，应适当提倡团体竞赛，如将学生分成学习小组，小组间进行竞赛，小组内同学间则相互帮助，相互合作，共同提高学习成绩。

养成良好的学习习惯

情感共鸣

在一项调查中发现，学习成绩优秀的学生具有如下一些良好的学习习惯：对学过的知识定期复习；将学习放在第一位，只有在完成指定的学习任务后，才做其他事情；经常将自己在学校里所学的书本知识与现实生活联系起来，既理解了所学知识，又丰富了对外部世界的认识；有一张明确的学习计划表，上面详细列出了学习的时间、地点和内容；如果没有正当理由，绝不轻易放弃自己的学习计划；喜欢提出一些具体的例子来证明所学到的一般原理和规则；经常利用某一学科所学的知识来理解其他学科的知识；将书上的重点或难点做上标记，以便复习时能格外留心等。同时发现，学习成绩差的学生常有如下一种或多种不良学习习惯：没有压力就不学习；不能按时完成作业，常常是匆匆忙忙地应付一下便交上去；经常睡眠不足，上课时昏昏欲睡，一边学习一边做白日梦；学习时常常坐不住，无法把精神集中在学习任务上；在家里，常常是一边看电视，一边做作业，或者是一边听家人讲话，一边做作业；学习时，常常站起来，来回走走，看看杂志或者吃点零食；在课堂上经常发现自己忘带课本、钢笔等学习用品等。

认知理解

心理学家认为，习惯是一种动力定型，是同样的动作行为不断重复而逐渐固定下来的一种行为模式。许多良好的习惯，比如吃饭、睡觉、穿衣、刷牙等都是在幼儿时期形成的；像读书、写字、观察、运算等学习习惯是进入小学后逐步形成的。养成良好的学习习惯，会在不知不觉中搞好学习，取得优异的学习成绩；而养成了不良的学习习惯，却会严重地妨碍学生的学习，虽然有时一些细小的不良学习习惯的恶果一时不容易看出来，却对学生的学习产生潜移默化的不良影响，终将导致学生学业上的失败。许多同学在学习过程中由于不注重对学习活动的自我检查和自我评价，逐渐形成了一些不良的学习习惯。但要问自己到底有哪些不良学习习惯，一时却又说不清楚，若想改正这些不良习惯就更无从谈起。具体该怎么改正不良习惯呢？

操作训练

1. 检查自己究竟存在哪些不良学习习惯。

（1）学习时间不固定，不制定学习生活作息时间表；

（2）课堂上思想开小差，精神不集中；

（3）自习课目标不明确，东翻西看，浪费时间；

（4）不准备工具书，需要查辞典字典时，还嫌麻烦，马马虎

虎地应付学习；

（5）爱面子，不懂不会也不问；

（6）学习时沉迷于空想；

（7）快下课时就听不进去了，早早把书包收拾好，心中开始想着课后的娱乐活动；

（8）下课马上放松自己，从来不想想这堂课都学了些什么；

（9）做作业前不看书，做完作业不相信自己，总要找人对对答案才放心；

（10）作业本、作文本、考试卷发到手，看看分数，扔到一边，不认真分析、检查；

（11）做作业或复习时，常做一些小动作；

（12）遇到好电视，就忘记做作业；

（13）边做作业，边听收音机；

（14）学习时常说闲话；

（15）学习完把书本胡乱一扔，再学习时现用现找，浪费时间；

（16）平时不复习，考前开夜车；

（17）考得不好却不愿听批评；

（18）喜欢哪科光学哪科，偏科；

（19）情绪波动大，因喜怒哀乐的情绪而影响学习；

（20）基础没打好，变得灰心，自暴自弃。

2. 采取各个击破的方式逐步改掉不良习惯。

在检查出的不良习惯中，按照不良习惯的严重程度，由重到轻排好顺序，写在一张纸上，贴在书桌上或墙上，天天看着它，天天检查它。从最严重的不良习惯开始，逐个去努力改正和克服，

改掉一个，在不良学习习惯表中划掉一个，再集中精力去改正下一个，直至将最后一个不良习惯从表上划掉。改正不良习惯是一个漫长的过程，因为不良习惯的形成也并非一朝一夕，因此，必须有足够的耐心和毅力。不良习惯改正后，过一段时间还要再反复检查若干次，以防不良习惯死灰复燃，再次出现。

3. 养成良好的学习生活习惯。

作为一名学生，虽然其主要任务是学习，但是，学习与日常生活的其他方面并非水火不容。良好的学习习惯本身固然有许多具体的要求，但是不能把日常生活仅仅理解为学习，认为除了学习，别的游戏、娱乐活动都是多余的，这种想法是不正确的。因为学习、娱乐，一张一弛，本身就是一个良好的学习习惯。